U0034187

殺戮的艱難

張娟芬

推薦序　不殺人難嗎？

李念祖

這是一本討論死刑的好書，以《殺戮的艱難》為題，記錄了台灣的死刑經驗與爭辯（說的更準確一些，其實是難見爭辯）。無興趣了解死刑所以然或所以不然的朋友，大概不需要從我的序中知道這本書的內容及其精采之處，我自不必在此說明什麼是殺戮的艱難。對於有興趣一探究竟的讀者，我更不應該用序言重覆書中的話語，破壞讀者閱讀的完整感受，剝奪他們享受與我閱讀本書同等的悸動與體會。那我就試著從書題的反面入手，為看了書題而有疑惑的朋友解題，但願反其道而行不會失去作序者應有的禮貌。

我不知道哪一個問題更容易回答，「殺人難嗎？」還是「不殺人難嗎？」本書企圖探討第一個問題，且讓我來問一問第二個問題：「不殺人難嗎？」這個問題的另一個問法，是「你可不可以不殺人？」回答「是」的朋友，我不會再逼問下一個問題，「你確定嗎？」因為我希望我自己的答案能是，「在任何情況下我不會去殺人」；然而我也不敢確定我做得到，雖然我真心希望我做得到。但是如果你是在戰場上的士兵呢？或者面臨著遭人追殺的千鈞一髮，而你手中恰巧握有足以自衛的武器呢？

對於回答「不」的朋友，我必須追問：「為什麼非殺人不可？」歐陽修的千古名文〈瀧岡阡表〉中，敘述了他法官父親的千古名言：「求其生而不能」；年輕時我也曾經為之心儀不已。但年歲漸長之後，我發覺這是結論，卻不是自明之理。什麼是「求其生而不能」？為什麼「求其生而不能」？「求其生而不能」有標準嗎？真的非殺人不可嗎？

如果法官問殺人犯，你為什麼要殺人，而殺人犯的回答是：「求其生而不能」，你會同意嗎？如果你不同意，那你或許也不該同意歐陽修的父親。沒人知道他為什麼求其生而不能，唯一知道的是歐陽父曾經輾轉反側，中夜不寐，最後得到了「求其生而不能」才能安眠。（歐陽父真能因此安眠嗎？）如果殺人犯也說，「我動手前，輾轉反側，中夜不寐，求其生而不能，所以才下了決心。」只怕會得到蓄意殺人，罪無可逭的指責吧！我們只是因為一位稱為「法官」，一位稱為「殺人犯」，就能得出是非全然相反的判斷嗎？「求其生而不能」不也是蓄意殺人嗎？深思熟慮之後殺人，比一時衝動或是失去理性而殺人，誰更對呢？殺人犯深思熟慮之後，還覺得非殺人不可，法官是該問一問理由呢？還是就該告訴殺人犯：既然是深思熟慮，「你更不該殺人」；因為深思熟慮之下，不可能有非殺不可的理由。如果法官深思熟慮之後可以殺人，法官有資格告訴殺人犯「你不可以」嗎？如果歐陽父可以求其生而不能，殺人犯一定也有可以如此的時候。如果歐陽父要正告殺人犯，「求其生而不能」不可能是殺人的正當理由，那麼歐陽父也應該如此告訴自己或是歐陽修。

「求其生而不能」是文言文，白話文是「非殺不可」。不殺人真的那麼難嗎？為什麼非殺人不可呢？有興趣認真回答這個問題的朋友，可以開始翻閱本書了，張娟芬會反來告訴讀者，深思熟慮殺人才難，不殺人比較容易，我們都可以選擇不殺人；至少應該說，如果有深思熟慮的機會做出選擇，我們可以選擇不殺人，我們還有許多其他的選擇。

是為序。

李念祖律師

為知名憲法學者，任教於東吳大學與台灣大學；以擅長憲法訴訟聞名，現為理律法律事務所執行長。曾任台北律師公會理事長，現為中華民國仲裁協會理事長、民間司法改革基金會董事。

自序

1

曾經，我對死刑沒有定論。因為寫《無彩青春》，我認識了一些司改會的朋友，他們邀我去參加一個關於死刑的讀書會。我知道他們反對死刑，所以事先聲明：「我還沒決定喔。」他們說：「沒關係。」

那時候他們叫做「替代死刑推動聯盟」，簡稱「替死聯盟」；讀書會，順理成章的叫做「替死讀書會」。

有一次我們看《鐵案疑雲》。那電影是說幾個反死刑的運動者，密謀策劃了一件假的謀殺。凱文史貝西假裝姦殺了他的女性朋友，他們把犯案過程錄下來，證據也都齊全，果然被判死刑。執行了以後，錄影帶的另一部分才被寄到一位記者手上，原來那名女子是自殺的，凱文史貝西並不是兇手，但他已經被當作兇手處決了。真相是：那位女子已經癌症末期，死期可待；而凱文史貝西因為被學生誣告而丟了教職、家庭破碎。這兩位反對死刑的戰友，各自有不想活的理由，遂把自己剩餘的生命捐出來，告訴大家「事情可能不是你想的那樣」，而且等到你知道的時候，就已經來不及了。

參加讀書會的人未必彼此熟識，但顯然大家都過得不錯，看了《鐵案疑雲》，人人面面相覷，「反死刑要反到那樣啊……？？？」我們發現我們都不願意「替死」，所以開玩笑扯來扯去，讀書會就改名叫做「怕死讀書會」了。

「怕死讀書會」教了我很多事。我對死刑有疑問，但我對於反對死刑也有疑問；而「怕死讀書會」最難得的，就是提供一個友善而開闊的思考空間。沒有人催促我趕快選邊站，也沒有人責怪我怎麼政治不正確；大家就真的只是，把自己的感受與想法拋出來，互相聽一聽，自己想一想。在這樣的滋養與激盪中，我寫出這本文集裡的第一篇〈殺戮的艱難〉（二〇〇五年）。

2

寫了〈殺戮的艱難〉以後，更進階的問題冒出來了：理念歸理念，那現實呢？到底是什麼樣的人、什麼樣的案子在台灣被判死刑？我訪問了一個死刑犯人，寫成了這本文集的第二篇〈繞著死刑走一圈〉（二〇〇六年）。

為什麼是鄧武功？我挑了他，只因為他不要協助，要死。我挑他也因為我不想刻意挑一個惡性特別重或特別輕的；就只是隨機地，挑一個。沒想到那訪談裡頭卻藏著某種很有力道的東西，我回來簡直下筆不能自休。我寫東西向來慢，通常要像擠牙膏一樣，而且還是那種根本已經用完了的牙膏。跟鄧武功談過以後卻竟然不是，想法奔騰流瀉而出，成為一個少見而珍貴的寫作體驗。

我不認識他，但是我卻很有感覺。大約是見證了一個人把他的人生弄壞了，如此真實。日後雖更深刻地感受到死刑議題的力道，但是這個力道的初體驗，是鄧武功。

3

這個訪談經驗，後來不時在文學作品中得到呼應，例如《為愛朗讀》。那是一個法律學者麥克與納粹戰犯韓娜之間的故事。麥克年少時巧遇中年女子韓娜並發展戀情，多年以後在法庭上，他赫然發現她曾經在納粹集中營裡擔任守衛。年輕的法律學者迷惘了，過去的愛戀他還記得，可是她怎麼能夠做出這麼冷血的事情呢？他在小說裡喃喃地獨白，他想要譴責她，卻也想要理解她，但這兩件事情互相衝突。

這樣的兩難，我了解。我清楚的記得，當我想到死囚處境的艱困與孤寂時，我感到同情；但這個同情隨後受到理性的控管，我覺得如果我對罪犯有過量的同情，就是對於受害者的不敬。與《為愛朗讀》裡的麥克一樣，我想要尋找一種符合正義觀的方式去理解罪犯。不是不帶價值判斷；他們犯了罪殺了人，我面對他們的時候，不願意有一時半刻假裝沒有這回事。我帶著一定程度的價值判斷，但亦留存一定的空間，想知道他怎麼了。理解不是為他脫罪，不是為他申辯；是看看能不能在訪談中稍微靠近他一點，把他心裡深一點的感受表達出來。

納粹罪犯韓娜最後誠心悔過，選擇自殺，然而她的醒悟，來自獲得知識啟蒙之後的內心譴責，而不是外加的重刑。這個故事犀利地呈現出刑罰與審判的有限性。於是我寫了〈我只願意為妳朗讀〉（二〇〇九年）。

第一部分的三篇文章，都寫在死刑爭議爆發之前，而其論述形式，或多或少都有著迴旋往復的辯證，如同舞蹈一般。我覺得這個議題就該這樣談——它不是一個非黑即白的、選邊站的遊戲。死刑議題牽涉到深層的價值選擇、正義觀、人性論，也牽動深刻的情緒。討論死刑，需要比其他議題更大的思考空間，以及更長的醞釀時間。誠懇而開放的討論態度，更不可少。

4

二〇一〇年，對於廢死運動來說是天翻地覆的一年。第二部分的文章，就寫於這個巨變之中：在執行壓力高張的時刻、在名嘴喊殺的時刻、在槍聲響起的時刻、在釋憲不受理的時刻。這一系列短文明顯有著介入社會對話、影響公共政策的企圖；不再有舞蹈一般的舒緩了，倒常見與時間賽跑的急切。

在二〇一〇之前，死刑始終是個冷門議題，廢死聯盟辦了兩屆「殺人影展」、出小冊子、在報紙上投書、做網站。這些與大眾對話的企圖，雖然一步一步地進行著，但還是淹沒在資訊的海洋裡。這種感覺，所有參與過社會運動的人應該都很熟悉：最草根的那些努力，是不會被看見的，因為媒體不會報導。

二〇一〇年，死刑議題忽然像火山爆發一般炸開了。報紙頭版（甚至連續好幾個版）、電視新聞（每個小時，同一件事情說了又說）、談話性節目，都是死刑議題；大街小巷裡，隨便坐下來吃個飯，都會聽到隔桌在討論死刑。

這個議題得到關注，我們求之不得；但是，關於死刑的討論空間，卻急速地壓縮。支持死刑的聲音是民意的主流，這並不意外，輿論偏向死刑也無可厚非；但是，台灣現行的死刑制度還有很多缺失，媒體全不報導，社會大眾也不在意。令我擔憂的不只是媒體傳遞的片面訊息，更是台灣社會全面保守化的趨向：一時之間，肅殺之氣已經淹過了喉嚨，我們得踮起腳尖才能勉強讓頭高過水面，而嚴寒已經使我們周身冰涼。

在二〇一〇年，「慈悲」是罵人的話，意思是你假慈悲；「清高」的意思是「沽名釣譽」，「有愛心」的意思是愛心用錯地方，「高尚」的意思是假道學；「寬容」引來詛咒，「理想」引來訕笑。所有以前被重視的美德，現在都伴隨著唇邊的一抹不屑；「庶民」對國家的信任，也臻於頂點。

二〇一〇年，因此成為這本文集的分水嶺。第一部分在山那頭，我是一個思考者：我提出對死刑的質疑，期待這樣的擾動可以促成讀者的進一步思考。我並不急於抵達某個思考的終點，也不以為我已經擁有終極的答案。第二部分在山這頭，我是一個行動者，我看到現行的死刑制度違背正義，但是執行卻已經箭在弦上；殺了一批以後，還打算殺下一批。作為一個民主政體裡的公民，我有無法迴避的道德義務，要大聲疾呼：慢點殺！

5

我還有第三個角色，就是記錄與見證。

死刑的爭議，到了五月底大法官會議不受理廢死釋憲，差不多大勢底定。兵荒馬亂的忙了一場，我們有太多話來不及說，太多事情來不及解釋，日子就在搶救、搶救、搶救之中過去。我當初參與的「替死聯盟」，已經改名為「廢死聯盟」；我也從一個游離分子，變得越來越涉入。在廢死聯盟最被妖魔化的時刻，除了並肩作戰以外，實沒有別的選擇。謾罵攻訐，我們可以靜待群眾冷靜下來；但更多更根本的誤解，例如把聲請釋憲當作是「傲慢」、「不尊重民意」，則是需要釐清的大是大非。因此我寫〈廢死釋憲的折返跑〉，回顧廢死聯盟如何透過釋憲，提出對台灣死刑制度的總體檢。

媒體在這裡扮演著舉足輕重的角色。因此我寫〈媒體的廢死觀點〉，用新聞學的「框架理論」來分析，這段時間媒體報導著重什麼、忽略什麼。這兩篇長文，寫於死刑風波稍歇之時，細細記錄廢死運動的足跡，以為歷史見證。這是文集的第三部分。

新聞淡了，成為歷史。但是曾經燃燒的生命，不會只留下灰燼。二〇一〇是轟轟烈烈的一年，或許您我都曾經隨著媒體的激情報導，而情緒起伏。於年末出版這一冊小書，不只是要留住燃燒時發出的光與熱，更希望台灣社會對死刑的思考不要停滯。

對於一個嚮往正義的人，死刑多少構成一種誘惑。如果您還沒決定要支持還是反對死刑，如果您心裡還是有七個支持與八個反對死刑的理由，老實說，我覺得很正常。但是下次輿論又喊殺的時候，我們至少可以，停下來，想一想。

目錄

Ⅲ・見證

I 思考

死刑議題不是非黑即白。
它牽涉到深層的價值選擇、正義觀、人性論，
也牽動深刻的情緒。
第一部分的三篇文章，
或多或少都有著迴旋往復的辯證，
如同舞蹈一般……

殺戮的艱難

一．湯英伸還是王文孝？

出了《無彩青春》以後，第一場演講就有人問我：「妳對死刑有什麼看法？」我心裡「唉呀」一聲，感覺好像作業還沒寫完，就被老師點到名了。

提問的確實是一位老師。那是一個為國中國小老師舉辦的人權營。

我知道反對死刑才是政治正確的。先進國家都已經不執行或正式廢除了死刑，而且我認同的多數社運人士都這麼主張。理由之一是：許多死刑其實是誤判。理由之二是：生命無價，不能以任何理由剝奪。理由之三是：將人處死只是無意義的報復，使人悔悟豈不更好。理由之四是：犯罪有那麼多遠因、近因，為什麼罪責卻僅由罪犯承擔？理由之五是：死刑並未嚇阻犯罪，更沒有解決問題。理由之六是……。

一定還可以繼續列下去的，但是我想了想，抬起頭來對「老師」說：「我不知道。」

有一些時刻我是希望有死刑的。有一個朋友借我一本古怪的攝影集。或者說，是一本照片簿子。那是五〇年代的一個美國警探，不知為什麼蒐集了好多死亡照片，做成一本剪貼簿，裡面全是老老少少男男女女的死像。上吊的，開槍自殺的，生怪病死的。當然也有很多被謀殺的。

每一幀照片旁邊，怪警探會用老式打字機註記簡單的案情。有幾張照片看過就不會忘記。其一是一個女人被大卸八塊，手臂從關節處裁下來、胸腹中間整個剖開、陰部被割下、鼠蹊與膝關節處都切開了。兇手是個廚師，典型「傑克開膛手」那種恨女人、殺妓女的犯案手法。其二是一個亞裔女人的臉部特寫，右眼還睜著，左眼及以上的頭殼已經被打爛了。兇手是她先生。其三是一個女人肚破腸流、面目全非。警探的註記說明，她先生因懷疑她不忠，當著她母親的面殺她，她尚未死絕，他便已動手分屍，並用絞肉機重擊她的臉。

我得很努力才能提醒自己：年代久遠，當初的辦案技術想必粗糙，裡面應該有很多「兇手」其實也是被冤枉的。即使如此，看到那些嫌犯無罪開釋的案子，我還是感到餘怒未消。我從來沒有這麼期待死刑。

有一些時刻，我找不到理由說：「不要處死刑」。例如，就說王文孝吧。看過了吳銘漢夫婦命案的現場照片，也看過他們的頭顱骨，那刀痕，下手的力道，歷歷在目。我自問，假如王文孝還沒執行死刑，那我會怎麼說？殺？不殺？

王文孝是個沒人疼愛的小孩，關於他的悲劇，想必在血案發生之前很久很久就已經開始了。他被槍決以後，他的父親甚至拒絕收屍。

我對於他的人生未必沒有同情，但是我也想到他最後所寫的那份覆判狀。先前他至少承認他是主謀、他提議去吳銘漢家偷東西；在覆判狀裡他忽然改口說蘇建和才是主謀，他只是「無意間」提供了作案地點。先前他至少承認他因為驚醒了吳銘漢，一時慌張便下手砍殺；現在他忽然改口說是吳銘漢先向他衝過來的，他只是為了自衛，所以希望改判「過失殺人」。

王文孝沒有悔過。他殺死了人，還誣賴說是死者先動手；他沒有誠懇的面對自己的錯，沒有負起責任，對那些被他傷害的人，也沒有感到歉意。這怎麼原諒？

得先有一句真誠的「對不起」，然後才可能有一聲寬容的「沒關係」。那叫做原諒。如果打人的人得意揚長而去，被打的人只敢對自己咕噥說：「就當作是被兒子打了」，那不叫原諒，那叫阿Q。當罪犯還在諉過卸責，我們要從何原諒起呢？

我也記得湯英伸的案子，雖然已經快二十年了。原住民青年隻身到台北找工作，職業介紹所讓他到洗衣店幫忙。他做了九天覺得太累，打算索回他的身分證與九天的工資，不幹了。結算工資時才發現薪水還不到職業介紹所承諾的一半，而且洗衣店老闆說，他可是付了仲介費給介紹所的，湯英伸才做九天，得賠償他的仲介費。算起來，湯英伸倒欠了一筆錢，所以老闆不肯還他身分證。兩人爭執、扭打，湯英伸隨手拿拔釘器重擊老闆，以及聞聲前來的老闆娘與小女兒。三個人都死了。

湯英伸是個力爭上游的原住民青年，出身於部落裡受敬重的家族。他英俊，聰明，人緣好；會寫歌，彈吉他，撐竿跳。殺人是一時衝動的偶然，原漢的不義結構卻是存在已久的必然。這是一齣再典型的不過的悲劇，而湯英伸再貼切不過的詮釋了悲劇英雄的角色。

他被判死刑。許多社會人士高呼「槍下留人」，但救援失敗。他的痛悔，現在看來仍然那麼真切：「我不奢望會得到法律什麼寬容的制裁？甚至那極惡毒的制裁，我也應當接受。」「一切後悔已經太遲了，但我仍然希望，在雙親的心目中，我仍是一個純潔的孩子。縱使這是全然不可能了。」

湯英伸是死刑犯裡的模範生。王文孝則是死刑犯裡的不肖子。反對湯英伸的死刑大概是比較沒問題的，至少我反對；但我們反對王文孝的死刑嗎？

二・反死刑經典名案

有人說丹諾是世界上最偉大的辯護律師。他經手許多喧騰一時的案子，芝加哥綁架案可能是其中最具爭議性的。

那是一九二四年，第一次世界大戰已經打完了，而世人還不知道第二次世界大戰就等在後面。兩個吃飽飯沒事幹的年輕人，為了享受聰明的感覺，決定幹一件超完美謀殺案。

婁伯（Loeb）與李歐普（Leopold）都是十九歲，家裡有錢有地位，司機專車接送，住在豪華社區。婁伯高大俊美，是芝加哥大學的風雲人物。李歐普身體不大好，但也一樣早慧：他會說十五國語言，去年才從芝加哥大學畢業，也是鳥類專家。李歐普迷戀婁伯，而婁伯迷戀犯罪，一件惡行就這樣開始了。

他們租了一輛車，捉了一個十四歲的鄰居小男生巴比，在車上就殺了他，然後向巴比的父親勒贖一萬美元。這位父親正要出門的時候，電話來了。巴比的屍體找到了。警方循線細心追查，漂亮破案。

猶太社區非常傷心，因為這兩個年輕人都出身富裕的上流猶太家庭。「幸好」被殺的巴比也是猶太人，所以不致引起種族衝突。兩人似無悔意。根據《芝加哥論壇報》，李歐普說：「奇怪我們怎麼會被抓呢？我們演練過好幾遍呀。這只是個實驗罷了，跟昆蟲學家釘住一隻甲蟲沒有不同。」婁伯則說：「這只是我人生的過程而已。我會去坐幾年的牢，但放出來以後，我就會有個全新的人生。」

他們的冷血令美國人為之沸騰。當時的處決方式是絞死。巴比的母親很傷心，但她不是「以牙還牙」那一型的人。她說她不想看到婁伯與李歐普上絞刑台，但她希望問問他們兩人，巴比死的時候痛苦嗎？李歐普從報紙上讀到這段訪問，他的反應是：「很高興。」「高興什麼？」「她的復仇心並不強，那對我們有利。此外，也有一點不好意思，不多啦，大概有一點點吧。」

丹諾時年六十七，接了這案子。

檢方預料丹諾會主張心智喪失而做無罪抗辯，但出乎意外的，丹諾一開庭就撤回無罪抗辯，當庭認罪。如果被告辯稱無罪（不管什麼原因，「不是我幹的」或者「心智喪失」），就要組陪審團來審；但如果認罪，刑期輕重只要一個法官就可以判了。現在情勢是「人人皆曰可殺」，當然不要陪審團比較好。而且陪審團有十二人，判死刑很容易，因為責任被分攤掉了。如果讓單一法官來判，則兩人或許還有生存機會。還有一個原因是兩人被依謀殺與綁架兩罪起訴，假如綁架沒有被判死刑，檢察官就會再將謀殺部分拿出來審，他們不太容易兩次都逃過死刑。認罪了就可以一次解決。

隨後的庭訊裡，丹諾從不忘記「威脅」法官。「庭上，如果這兩個男孩被吊在絞架上，那一定是您。沒有人能分擔您的責任，您無法說，您只是少數服從多數。」這案子有兩位檢察官，但丹諾特別眷顧其中一位，因為這位先生很倒楣，剛好姓「Savage」——「野蠻」檢察官！

丹諾的結辯長達十二小時，成為反死刑論述的經典。他說，當律師這麼多年，每一個案子檢察官都會說，這是史上最殘酷最冷血的犯罪。但其實被綁架殺害的巴比並未承受太多痛苦，他從上車到死亡總共才十五分鐘。「這是一個沒有意義、沒有目的、沒有動機的犯罪，整個案子裡沒有一絲仇恨或惡意；他們沒有機會殘忍吶，除了死亡本身就是殘忍。」

丹諾論述的重點是，婁伯與李歐普無法為自己的行為負責，因為他們腦筋有問題，根本不是正常人。他們也不可能為自己的行為負責，因為整個世界才剛打完一場大戰不是？每一天殺掉幾百人幾千人都司空見慣，那麼你說，婁伯與李歐普的壞念頭是哪裡來的？「天命無違，天地不仁。天意的運作是神秘的，我們都是天意的受害者。我們變怎樣不是我們能左右的，老天爺掌控一切，而我們只能演自己的角色。」丹諾認為，倘若我們處死他們，則仇恨只會繼續餵養仇恨。

檢察官則嘲諷丹諾將犯罪原因歸罪於世上每一人每一事，唯獨被告本人一點責任也沒有。「倘若他們兩人有兔唇的話，丹諾先生大概會要我為起訴他們道歉！」檢察官說，丹諾訴求的是心而不是腦。「巴比有權利活著。但那兩位腦子聰明而沒有心的年輕人，卻決定讓巴比去死。」

最後，丹諾的策略奏效，法官沒有判死刑。謀殺部分判無期徒刑，綁架部分判九十九年。

婁伯與李歐普在獄中教受刑人讀書。約十年後，婁伯被獄友以刮鬍刀片殺死，得年三十二歲。李歐普則在服刑三十三年之後假釋出獄，出了一本書：《*Life Plus 99 Years*》。他認為婁伯從未後悔殺人，頂多悔恨被抓。他自己起先亦無悔恨，許多年後才有，十年之後到達頂峰。他不能理解自己當時犯案的心態。

李歐普出獄後去波多黎各拿了一個碩士學位，教數學、研究鳥類、結了婚，度其餘生。六十六歲過世。

三．丹諾案的反思

我讀丹諾辯詞的時候，深深覺得歷史是那麼不公平、不可靠。那麼受人推崇的歷史文獻，但我讀來只覺得薄弱、矯飾，反而激起我的反感。例如他說被害人才十五分鐘就被打死了，那不算受苦——這是什麼話？十五分鐘的死是很漫長的，那十五分鐘又不是在看電視！如果此說成立的話，則絞刑又何殘酷之有？把婁伯與李歐普吊上去，不用一分鐘他們就死了，按丹諾的標準，算得上是享樂吧。

我因此得到一個啟發：反死刑論述不要美化罪犯，不能袒護罪行。否則效果適得其反。（讀到「不算受苦」的說法，我簡直一不小心就會昏了頭說：「快判他們死刑！」）

丹諾式的辯詞最後會推出一個結果，就是反對任何懲罰。一個人如果做錯事，那是因為他窮，他命不好。假如像婁伯與李歐普，既不窮，命又好，還做錯事，那他們就是瘋了。

一切都是「情境使然」。但如果可以把一切推給抽象的文化社會，那還有什麼案子辦得下去嗎？我們抓到一個政府官員貪污，他可不可以在法庭上說：從小我看我爸爸賣菜的時候都偷斤減兩，而周遭公務員無不喝茶看報，所以我就學壞了？毆妻的男子是不是應該拿著女性主義教科書上法庭說：你瞧瞧，這社會很父權，我就是這樣被刻板印象養大的，所以我當然會打老婆囉，不能怪我。那怪誰呢？怪天好了。

不過丹諾「反對任何懲罰」的立場至少是一致的。他的意思是，社會是一個整體，不要老是柿子檢軟的吃，把責任歸於罪犯然後想消滅他了事。他認為對罪犯還是應有所處置，可是應該是輔導式的，不是現在監獄這種仇恨懲罰式的；更不是死刑這種一了百了一勞永逸的。

有兩點值得一提，第一是或許他當年面對的監獄管理是很不人性的，所以有此看法。第二是他確實認為應該把罪犯視為病人。罪犯與病人的並置或替換是很有趣的概念；把罪犯當病人的丹諾顯得厚道、溫慈，而我們卻不時把病人當罪犯（例如SARS橫行期間，以及大眾對愛滋病的態度）。

這是第二個啟發：用丹諾式的「情境使然」的理由來反對死刑，終將走到「反對一切刑罰」的地步。（我們要不要走那麼遠？）

但更引我注意的是末了那個或許並不重要的細節：李歐普十年以後後悔了。

李歐普與婁伯顯然不是湯英伸那一類，而是王文孝那一類，且猶有過之。他們事前預謀，事後無悔，家境優越無可同情之處，對於被害者家屬的傷痛無動於衷，甚且落井下石。如果依照我先前的標準，絞刑的繩索早該套上他們的脖子。但丹諾為他們掙來了一條活路，而十年之後，後悔的感覺幽幽的冒出來了。

這樣一個反社會人格的傢伙都能夠悔悟，令我怔忡許久。那麼，今後我們還能指著誰的鼻子說，「你應該被判死刑，因為你不知悔改」？我們對王文孝是不是太過心急了？

我們都知道，寬恕需要時間。莫非芝加哥綁架案還有第三個啟示？也許，悔悟，也需要時間。

不久前，有個朋友聊天時透露了一個秘辛。他認識一位法官，判過一樁有名的死刑案。多年後，這位法官偷偷告訴我朋友，其實他後悔判了那人死刑。我聽了蠻同情那位法官，因為他可能得默默承擔內心的自責，心裡想必很不好受。

此時再想起這件事，忽覺其諷刺。我們對死刑犯多麼嚴苛啊，「你要認真悔過，我們才原諒你喔！」但法官判錯也不悔過，我們倒充滿了體諒。我想，悔過也不是容易的事吧？越大的過，越難悔。踩到人家的腳很簡單，「歹勢。」但是把人家殺死了，那後悔……或許是說不出的吧。自私卑劣的死刑犯可能說不出，高潔廉明的法官也可能說不出。

在我看來，丹諾贏在訴訟策略，而不是贏在結辯的反死刑論述。丹諾比較接近宗教情懷：「請你不要看我們的罪過；請看天主的羔羊。」但是，從心理層面來看，人們之所以寄望死刑，是因為他覺得自己的安全受到威脅；他是從「準被害人」的角度在考慮死刑問題。

我不禁想起一個熟悉的故事：「中山狼」。

東郭先生路過中山國，在森林裡遇見一隻狼。狼被獵人追趕，求東郭先生救牠一命，他便打開裝書的痲袋讓牠躲進去。直到獵人走了，東郭先生把狼放出來，狼卻說，不如你好人做到底，讓我吃了你吧！東郭先生不從，兩人相約問三個人的意見。

大樹說：人吃了我的果子三、四十年，現在還想砍倒我當柴燒，全世界都是忘恩負義的，狼要吃你有何不可，吃啊！水牛說：人用我耕田三、四十年，現在還想殺了我吃肉剝皮，全世界都是忘恩負義的，狼要吃你有何不可，吃啊！第三位是個老人家，他怎麼樣都弄不明白事情的經過，只好請狼現場表演一次。狼躲進痲袋裡，老人家刷的一聲束緊袋口，殺了那狼。

有意思的是，東郭先生是墨家。他之所以經過中山國的森林，是因為某國國君請他去講學。墨家，講什麼呢？當然講「兼愛」，「非攻」啦。但經過這麼一折騰，他腦子裡全亂了——這下該講什麼才好呢？

這個故事嘲諷墨家太過天真，笑他們不認識現實的險惡。也許「中山狼」式的考驗，也是反死刑論述必經的叢林？在「準被害人」的位置上待久一點，感覺一下；然後變成一個更深刻的東郭先生，繼續往前走。

四・殺就是殺

在丹諾的邏輯裡，恨當然是錯的。報復更是火上加油，錯上加錯。

但我並不是那麼慈愛的人。我還是比較同意蓋瑞・史賓斯在《正義的神話》裡說的：「雖然我們貶低報復，但報復是正義的核心。寬恕是偉大的，但寬恕把人不公平地置於情緒混亂中，國家的寬厚反而變成對受害者的另一種犯罪。」

史賓斯說：「當我們無法適度懲罰罪犯，人們所看見的是正義流產。」正義流產，非常詩意的翻譯。我料想原文應該是 miscarriage of justice，通常我們都不解風情的直譯「誤判」，但 miscarriage 除了「處置失當」以外，確實也有「流產」的意思。

有人貪污我們會生氣，有人殺人我們會生氣，有人虐待兒童我們會生氣；我珍惜這種憤怒，這種憤怒就是正義感。我覺得我們應該要接納這種憤怒，而不是貶低之，否定之。大部分反對死刑的影片都會把重點放在罪犯的心理狀態，他的弱勢處境、他鬱積多年的憤恨、他那沒有什麼選擇的人生，所謂「死刑犯的人性面」。但有時候我會不平的想，這豈不是恰好落入罪犯的邏輯？他有苦衷，他需要錢，所以他搶我錢；但他可曾想過，我可能有更大的苦衷，比他更需要這筆錢？犯罪常常是自我中心的，除非是羅賓漢或廖添丁那種義賊，否則往往是弱肉強食，弱勢的殘殺更弱勢的。

《鐵案疑雲》裡，凱文史貝西殺了人被判死刑，他略顯無奈的說：「當人們看著我的臉，他們不是看見我這個人，而是看見犯罪。」這句話初聽時，見山是山：我覺得他說的很動人，事實確實如此。後來想一想，見山不是山：雖然大家的確都是這樣看的，但是，這樣不對嗎？我看著德蕾莎修女的臉，便看到她慈愛的善行，那麼我用死刑犯做過的壞事來認識他、判斷他，這樣很過份嗎？

但再想一想，見山又是山了：反死刑論述之所以需要強調死刑犯的人性面，正是因為大家都不把死刑犯當人看呀。這不也是罪犯的邏輯嗎？你首先必須不把人當人，然後才殺得下手；無論綁匪殺人質還是我們殺死刑犯，都一樣。我們不敢看死刑犯小時候純稚可愛的照片，就像綁匪不會想要聽人質的生命故事一樣，看了、聽了，手就軟了，拿不住屠刀。

去年我去尼泊爾爬山，雇了一個尼泊爾嚮導。我們一天爬八小時，從有話講爬到沒話講。我跟他搭訕：「尼泊爾有沒有死刑？」

「啊？」他沒聽懂。尼泊爾教育不普及，他們的英文都是自學的。

「如果一個人殺人，他會不會被處決？」「處決」，我用的是「execute」，執行死刑的意思。

「啊？」他還是沒聽懂。那個字眼太大了。

我換個方式說。「如果一個人殺人，政府會不會殺他？」這次我用「kill」。這樣他就懂了，說不會。

他給我上了一課。「執行死刑」，講那麼文雅幹什麼，難怪人家聽不懂！不就是「殺了他」嗎？語言有時候真的是會騙人的，凡是不能、不想面對的事情，我們就為它發明另一個字眼來蒙混遮掩。其實還不是同一回事？

壞人殺了一個人，結果這誘使我們也不把壞人當成人，也殺了他。一樁殺戮繁殖出另一樁殺戮。為了殺一個罪犯，我們借用了罪犯的心態，使自己成為罪犯。這不只是正義的流產；這簡直是，一屍兩命啊。

我開始覺得有些事情在邏輯上被弄擰了。大部分人痛恨犯罪，我也討厭犯罪。大部分人希望惡有惡報，我也認為做錯事的人應該被懲罰。我們其實沒有那麼大的歧見吧？但是一說「廢除死刑」，大家就嚇得好像監獄大門洞開，壞人全部在街上亂竄。「廢除死刑」又不等於「把壞人放出來」！「廢除死刑」的意思是「繼續把壞人關在牢裡」，不是嗎？

我想起王文孝的死刑執行卷。那是蘇案裡最不重要的一個卷宗，因為它從頭到尾只討論一件事，就是如何把王文孝打死。我以為槍決再簡單不過，但其實得動用十幾個人，大費周章。王文孝被四個憲兵團團圍住，憲兵本來就高，又戴上憲兵帽，更高；只有一句成語可以形容，那真是「插翅難飛」。

結果那是我對於王文孝最感同情的時刻。一張張照片，是死亡的分解動作。死寂的刑場清晨，沒有人講話，只有快門的清脆聲響，咯擦，咯擦。像斷頭臺的利刃驟然落下的聲音，咯擦。

這樣是幹嘛？我忽然覺得荒謬。他做了壞事，捅出這麼大一個簍子，害一票人瞎忙了十幾年，分明是個混球。但是看著他被打死的照片，我怎麼不因為正義終獲實現而覺得痛快？不，一點也不痛快。他看起來，那麼弱小，那麼無望。

他在牢裡關著，囚衣、腳鐐、鐵窗，有一天清晨我們忽然把他搖醒，帶他到刑場，然後開槍打死他——這一切所為何來呢？

把他繼續關在牢裡不好嗎？那樣我就不必同情他了。

很多人對無期徒刑是有疑慮的。例如那又不是真的「無期」，關個幾十年以後就可以假釋，所以他還是有可能跑出牢籠危害社會。還有，他那麼壞我們還花納稅人的錢養他，為什麼不打死他比較省錢呢？

於是我們又回到了綁匪的邏輯。「人質可能會逃跑，守著他多麻煩，現在就宰了他以免夜長夢多。」「撕票吧，不要留活口，這樣每餐還省一個便當。」對綁匪來說，自己的便利比人命重要，錢比人命重要。對我們來說呢？也是方便和省錢比較重要嗎？

擔心他出來危害社會，為什麼不檢討假釋制度，把關嚴格些？怕他吃閒飯，不能訓練他們做一些有產值的活計嗎？

很多人對死刑是有好感的，因為死刑有教化社會的功能。雖然我也可以舉出實證研究來反駁，但我寧可說：就算真的有，那也不是理由。殺雞儆猴本來就是不對的。殺雞只能夠因為「雞該殺」，不能因為「要殺給猴子看啊。」如果雞會說話的話，雞會問：「那為什麼不殺猴儆雞呢？」

有人認為，終生監禁並不好受，說不定罪犯還比較想被判死刑，求個痛快。但這是刑罰，又不是獎賞，何必投其所好？我們對罪犯採取某種處置，是為了增進社會福祉，既不是為了故意折磨他，也不是為了刻意取悅他。何況有的人本來就被判無期徒刑啊，我們也很少聽見他們說：「我不要，我要被判死刑。」

五．決戰點：夠了沒？

我們面對的不是「壞人該不該罰」的問題。大家都同意壞人該罰（除了丹諾以外）。我們面對的是：罰他要罰到什麼地步？死刑還是終生監禁？

想像一個你最討厭的罪犯。如果他戴上了手銬腳鐐，已經沒有反抗能力，但卻恰好落在你手裡，你會不會殺他？

唔，我想，我不會。有些人會跟我有不同的答案，但是，你一定會至少猶豫一下。這一點遲疑，就是我要講的東西。

如果這壞人正在「跑路」，警匪槍戰，而警察碰巧把壞人打死了，那我沒意見。因為壞人對於警察與路人的身家性命，都造成威脅。可是如果警察已經制服了歹徒，還可不可以把他打死呢？不能。

如果他拿槍指著我的頭，但是我們卻在一陣混亂裡，兩人搶起槍來了；我緊張、害怕、激動，我可能會想盡辦法殺他，因為我不殺他，他就會殺我。那是正當防衛。但如果他已經被綁住了呢？如果他已經失去了殺我的能力，我卻還殺他，那是防衛過當。當罪犯已經入獄、失去了危害社會的能力，我們卻還透過公權力來殺他，那也是防衛過當；或者，其實就是殺人。我們沒別的選擇嗎？有啊，把他關起來啊。

我的論點不是他不該死。

我的論點是我們不該動手。

我們終於來到死刑辯論的決戰點：到底怎麼樣算「夠了」？我們對於罪犯處置的極限在哪裡？

從前，判死刑是不夠的。得凌遲，得腰斬，得五馬分屍，大家還興致勃勃的圍觀。但是越到近代，我們對「殘忍」的忍耐度越來越小。現在死刑用電椅、用毒針、用槍決，我們仍覺得不忍卒睹。同樣一件事情，以前不算殘忍，現在卻被視為殘忍，可見「殘忍」的概念是社會建構的，「殘忍」的標準是浮動的。

殘忍不容易定義，但可以迂迴的試著逼近。當代的死刑用槍決、注射毒針或電椅，而捨棄了斬首、絞刑或毒氣室，是為了避免殘忍，不要讓犯人承受額外的痛苦。支持死刑的人常常強調，現代的死刑已經很人道了，我們為他找了一個最不痛苦的方式，已經仁至義盡。也就是說，同樣是懲罰，如果能夠節制至最低限度，那是仁慈；如果過當，那就是殘忍了。

「過當」！是的，就是「過當」。既然無期徒刑已經足以達成隔絕的目的，那麼死刑就是「過當」，就是殘忍。我看王文孝的死刑檔案會感到不忍，不是因為他不壞，而是因為，那是一個社會「過當」地執行其集體意志。

史賓斯說：「當我們無法適度懲罰罪犯，人們所看見的是正義流產。」我說：「當我們過度懲罰罪犯，人們連看都不敢看。」

我們太低估死亡了。我想起Toshi Kazama，那位清秀溫文的攝影師。他是日本人，現定居美國，花八年時間造訪數座監獄，拍了一系列少年死刑犯的照片。美國有的監獄用電椅執行死刑，有的監獄用毒針。用電椅的監獄說：我們比較人道，因為電一下很快就死了，不痛苦。用毒針不人道，因為一共要打三針，歷時十五分鐘，時間太長了。但是用毒針的監獄說：我們比較人道，用電椅不好。用電椅，犯人的眼珠會迸出來，而且你看到電椅底下接到一個桶子有沒有？因為犯人會大小便失禁，桶子就是用來接排泄物的。說到這裡，Toshi直視全場，問道：「哪一種殺人的方式會是人道的？」

還有一件事令我印象深刻。Toshi說，電椅有兩個開關，一個有連上電源，一個沒有。執行死刑的時候，兩個人一起按下開關，沒有人知道是誰按下的開關把犯人烤焦的。兩個開關不是機械設計上的需要，而是執行者需要分攤責任。

殺戮豈是這麼容易的事！「人人皆曰可殺」，是因為我們不必自己動手。如果是這麼替天行道的事情，大家怎麼不搶著做？好萊塢電影可以輕易對人開槍，那是因為噴出來的是番茄醬。

六．超完美死刑

有人會說：「廢除死刑，陳義過高，太理想了。你看報紙上那些壞人，想想他們做過的事情，想想他們造成的傷害，槍斃他是便宜他。有些人，實在是罪大惡極啊。」

誰呢？如果現在做民調問大家心目中的壞人，陳進興一定名列前茅，甚至可能十年之內都不會再有小孩子叫做「陳進興」了。但是誰記得陳進興還有兩個同夥？他們不壞嗎？陳進興做的壞事，他們也都做了啊。只是因為陳進興最晚才死，媒體聚焦又聚焦的結果，他就變成最壞的了。我不是要為他辯解說他不壞；而是要指出，這「壞」是如何因緣際會地透過媒體折射出來。

如果你還沒想起來的話，提醒你一下，那兩個人叫做林春生與高天民。很陌生了吧。

誰是壞人？比較近的例子是陳金火。他殺人又吃人肉，喪心病狂，夠壞了吧。當媒體為陳金火冠上「台灣食人魔」封號的同時，夠仔細的人會發現，「吃人肉」一事，從一開始就沒有證據。他落網時，瓦斯爐的鍋子裡有肉與碎骨頭，但骨與肉一旦煮過，DNA已經被破壞，無法判定是人還是其他動物。自從陳金火一落網，台中縣警察局長就對吃人肉之說持懷疑態度，因為鍋子裡的骨頭切面整齊，像是用剁的，但屍體上卻是刀切的痕跡。連檢察官也表示，沒有具體事證，難以證明他有吃人肉。

但媒體不管，還是照樣稱他為食人魔。食人魔陳金火。

吃人肉之說到底哪裡來？陳金火自己說的。他的自白能不能採信？為陳金火做精神鑑定的小組成員表示，他們不是測謊專家，無法判定陳金火說詞真假，只能夠肯定他沒有精神病。

但媒體不管，台灣有食人魔，這實在太有趣了不是嗎？他們紛紛這樣形容：「驚悚情節宛如電影《沈默的羔羊》翻版」。漢尼拔一角已確定由陳金火飾演，還缺一個茱蒂佛斯特，為陳金火做精神鑑定的心理學家陳若璋雀屏中選。雖然她不是 FBI，但是她也是女的，行了。開麥拉！

如果我指責媒體扭曲，媒體會說：「他自己承認的。」但是，警察、檢察官、心理學家對陳金火的供詞都持保留態度，一審判他死刑的法官也說吃人肉的部分沒有直接證據；唯獨媒體全心擁抱那單薄而反覆無常的自白，其理安在？與其說陳金火可信，不如說媒體實在太喜歡《沈默的羔羊》及其戲劇效果了，所以見獵心喜，情不自禁！

而陳金火「承認」了什麼？在審判中，陳金火說那肉是廣德強煎給他吃的，他不知道那是不是人肉。他「承認」的是：他在「不知情」的狀況下，「可能」吃了人肉。但媒體不管，還是照樣稱他為食人魔。食人魔陳金火。食人魔陳金火。多講幾次聽起來就像真的了。

這就是「食人魔陳金火」的誕生。可以想像的，要票選惡人的話，陳金火會上榜，但沒有人會記得廣德強——除非他說他吃過唐三藏的肉，那就把陳金火比下去了。

陳金火殺了人。他當然不是什麼好東西。陳進興也殺了人，他也不是好東西。假如在我的太陽穴貼上電極，可能會發現我早已變成巴弗洛夫的狗，一看到「陳金火」或「陳進興」的名字，就出現緊張與憤怒的反應。沒辦法，這就是制約啊。但當我們說某某某罪大惡極，那裡面究竟有多少是事實，而有多少是媒體折射再折射以後所形成的制約反應？

我同意我這樣討論死刑，確實「太理想」了。我談的都是「超完美死刑」：沒有誤判、沒有程序失當、確實惡性重大、且毫無悔意。我好像站在一個沙灘上，而討論一粒沙。其實讀過《雖然他們是無辜的》就知道，討論死刑怎麼能不提到誤判？

那些事情，該怎麼說呢，就是觸目驚心吧。有一個叫亞當斯的，在公路上搭人家便車，那個駕駛槍殺了一個公路警察，但誣賴說是亞當斯殺的。結果亞當斯被關了十二年，而這十二年間，那個真正的殺人兇手不僅逍遙法外，還犯下了竊盜、綁架、持械搶劫與殺人罪。有一個叫米勒的，因謀殺被判死刑，排定時間以後，又得到上訴機會而暫緩；結果五年內他一共面對了七次處決日期，其中一次只差七個半小時就要執行了，幸好他每一次都及時拿到暫緩行刑令，最後終於證明，人不是他殺的。一個叫做麥洛弗林的，冤枉入獄時十九歲，後來重獲清白並且得到冤獄賠償。他說：「如果本州有死刑的話，我現在早化成了灰，放在媽媽的壁爐上了。」最恐怖的是，《雖然他們是無辜的》最後說，這些人之所以能死裡逃生，都不是靠司法制度，而是靠運氣。

誤判，那麼多的誤判！正義習慣性的流產。邏輯上，誤判不是反對死刑的好理由。但是實務上，誤判是反對死刑最有力的理由，死刑支持者最大的惡夢就是誤判。關錯人可以賠他一筆錢，殺錯人可怎麼賠呢？

我們會幻想，死刑那麼嚴重，法官一定會格外謹慎。如果不是罪證確鑿，怎麼會判死刑？但事實卻不是這樣。有時候正是因為案子很大，大家都希望看到有人為之付出代價，於是證據法則、無罪推定，反而鬆懈了。這時候，誰被帶進法庭，誰倒楣。《雖然他們是無辜的》裡面那個搭便車的亞當斯就是這樣：被殺的人是警察，所以大家都想把兇手判死刑；可是那個駕駛還不滿十八歲，就算起訴他也不能判死刑，於是已成年的、「可以被判死刑」的亞當斯，就倒大楣了。

根據《雖然他們是無辜的》，美國死刑的誤判比率約是七比一。《經濟學人》比喻道，如果一款飛機每七架就要摔一架的話，它早就該停飛了！

那說的還是美國的司法水準。台灣呢？

二〇〇三年，台灣執行了七個死刑。「七個？這麼少！」但是台灣代表出國開會，別的國家聽到我們一年執行七個死刑，嚇得臉都綠了。

陳進興一輩子也沒有殺七個人，我們已經認為他很壞很壞。據稱具有民意基礎的死刑制度，一年就打死七個。——而那七個裡面有幾個罪證確鑿？有幾個在程序上毫無瑕疵？有幾個獲得像樣的辯護？有幾個真的罪無可赦？有幾個毫無悔意？有幾個永遠不可能悔悟？

可疑的審判品質，動輒喊殺的輿論，薄弱的公設辯護人制度；那七個死刑……我想都不敢想。我只能說，不反對死刑或許還有理由，但是不反對台灣的死刑，那才真是罔顧現實，「太過理想」了。

七・痛苦但高尚

倘若我們集體決定放棄了死刑，我將說那是一個痛苦的決定，尤其是當我又想起古怪照片簿裡大卸八塊的女子，肚破腸流的女子，頭被打扁的亞裔女子。但是，那也是一個高尚的決定。

我的論點不是生命的可貴。

我的論點是殺戮的艱難。

唯其如此，我們才保住了好人與壞人之間，那一點點的差別。

繞著死刑走一圈

一・求死人——鄧武功[1]

第一次聽到「鄧武功」的名字，是在一個很冷的雨天。我們窩在房子裡開會，不但不覺得冷，而且還有點悶。

我面前的資料裡，列出了十三個名字。他們的案由，簡單說，都是「殺人」，複雜一點說，則是各式各樣的殺人。這十三個人的共同點，就是「最後的晚餐」在不遠處等著——他們都被判了死刑，都已經三審定讞。只要法務部長心血來潮大筆一揮，他們就將嚥下最後的晚餐——而且，餐桌上沒有耶穌基督，也沒有同伴。

但我注意到他了，不偏不倚地在清單上穩坐核心位置，在他之前有六人，在他之後也有六人。鄧武功，編號〇〇七，備註欄寫道：「一心求死，拒絕協助。」

我打算去見他。什麼叫做「一心求死，拒絕協助」？當年在美麗島軍法大審，一干人等面色如土，能夠談笑自若睥睨法庭的，僅有施明德一人而已。那這個鄧武功是怎樣？他什麼來歷，混成這麼大尾？

一心求死？仇家都殺完了嗎？

他遠在高雄，但我打算去見他。我想用吊兒郎噹的口氣跟他說，「喂，啊你是怎樣，發生什麼事情，你把人家殺死？啊有人要幫你，你幹嘛不要？你不要人家幫，那不如你幫我好了。我把你的故事寫出來，告訴大家歹路不倘行。」我打算用不輪轉的台語，與仿冒自「台灣霹靂火」的江湖味，來跟他講話，降低他的戒心。

但我不打算勸他。我打算很酷的說，你想死的話，我不會攔你。不過，有什麼東西是你想留下的沒有？你要我幫你帶個話給什麼人嗎？

1 為了減低對於相關當事人與家屬的困擾，此文中某些人名使用化名。其餘部分皆忠於事實。

二・憂鬱的獄卒——吳志光

吳志光腰痛得坐不下來。也好，反正他是主席，站著講話剛好。長桌坐滿了人，有諄諄長者，有火爆青年，共同點是都想要廢除死刑。

吳志光是廢死聯盟的副召集人，德國漢堡大學法學博士，現在任教於輔仁大學法律系。他反對死刑。理由很多，但所有的理由都從這個起點開始：他大學的時候，在台北地方法院少年法庭擔任輔導員，當兵的時候，又被分發到台東岩灣監獄。這兩個經驗對吳志光的影響很大：他看見一個人如何被標籤成「壞孩子」，也看見一個人如何一再地被監獄加工，成為「壞人」。

這麼多年來，他出國唸書，拿到學位，回國教書；他把自己養成一本死刑的百科全書。只要鍵入關鍵字「死刑」，他就會變成一只高速運轉的搜尋引擎，嘩啦嘩啦吐出一堆論辯與實證。他從來沒有忘記年輕時候看到的、體會到的：刑罰的極限性。

死刑不是萬靈丹，死刑往往阻礙了我們看見真正的問題。一個沒有死刑的社會，就像一個不依能力分班的學校，因為不可能把「壞人」與「好人」隔離，所以「好人」必得督促社會與國家好好照顧所有人，不能隨便把人貼上標籤、邊緣化、污名化。因為只要有人變成罪犯，他做的錯事，整個社會還是得一起承擔。

我舉手把我的擔憂拋給大家：「沒有死刑的話，那我們有什麼呢？在現行制度裡面，次於死刑的那個刑罰是什麼？」

這是個菜鳥問題，因為從大家回應的方式，就知道他們一定已經被問過千百遍了。死刑的替代方案，是廢除死刑運動裡常常被討論的問題，這裡面反映了我們對於人身安全的需求，以及對犯罪的恐懼。誰也不想成為犯罪的被害人，所以我們會想，如果不把壞人打死的話，總得把他關起來吧？

有人主張終生監禁不得假釋，也有人批評這種替代方案太過妥協，會造成獄政管理的大問題，因為一個囚犯倘若毫無假釋希望的被關在牢裡，天知道他會幹出什麼事情來？再黑暗的通道，也要給他一絲亮光！

台灣目前有期徒刑的上限是十五年。當初人類平均壽命是四十一、二歲，所以才會這樣規定，但現在平均壽命是七十幾歲了，不合時宜的舊規定，成為法官的難題。假設眼前這個人，你認為他應該坐牢十五年。根據現行的假釋實務，他服刑達一半年限時，就可以出來了。所以，為了讓他坐牢十五年，你應該判他三十年有期徒刑。但是依現行法律沒辦法判三十年啊，那怎麼辦？那就判無期徒刑吧。無期徒刑的假釋門檻是二十五年。萬一法官覺得這個人應該坐牢三十年，那怎麼辦？那就只好判死刑囉。

吳志光留著七分長的小平頭，從上空俯望，髮海中已經出現不規則的白色波浪。「我們認為，完全剝奪一個囚犯重新進入社會的可能，是不人道的；所以七〇年代就已經確立這個原則：『終生監禁不得假釋』是違憲的。我們提出的替代方案是『終生監禁，可以特赦』。『終生監禁』，就是還原『無期徒刑』裡『無期』的原意，不能說只要坐牢十幾年，然後不管怎樣都放你出來。但是『可以特赦』，如果你表現良好、確有悛悔實據的話，還是有出獄的機會。也就是說，對於假釋，是給條件的，而不是給期限。達到一個標準就可以出獄，這樣犯人還是有一線希望。」正當大家頻頻點頭的時候，吳志光出其不意的說：「……這裡『我們』是指德國！」

笑翻了一屋子人以後，吳志光又指出，死刑一旦廢除以後，相關的配套措施便自然會冒出來。有死刑坐鎮的時候，刑事政策往往慵懶、因循，沒有與時俱進；等到死刑沒有了，國家就會被逼著全面檢討刑度、假釋、獄政管理等相關問題。世界各國廢除死刑的經驗都是如此，為了安撫大眾對死刑的依賴心情，配套措施必然水到渠成。

三・審判斷頭臺——巴丹戴爾

《為廢除死刑而戰》[2] 一書，有一個十分失意感傷的開場。那是一九七二年，西歐國家中只剩下法國還沒有廢除死刑，秉持左派信念的律師巴丹戴爾，為法國的落後感到著急，更為自己的當事人——兩個越獄不成的囚犯，殺了他們所挾持的人質，所以被判死刑——感到憂心。然而消息傳來，兩個囚犯已經被送上了斷頭臺。

是的，斷頭臺，真的是斷頭臺：法國特產，十八世紀末的發明，在法國大革命的硝煙中大放異彩，成為法國的國家象徵，這刑具一用就是兩百年，法國因此有不少文獻討論人在斷了頭以後到底會怎樣。有說無頭屍身還可以走路的，有說會從棺木裡奮力爬起的，有說那頭還對自己的名字有反應的，有說眼睛還會畏懼強光而閉起的……。

巴丹戴爾心情壞透了。他仍去到任教的大學，走進課室裡去講課，學生

2 中國法律出版社出版，原書名：*L'abolition*，作者 Robert Badunter。2006 年 11 月，繁體字版問世，五南出版。

噤若寒蟬，一點也不敢惹他。

兩年之後，他捲土重來，打贏了一件人人皆曰可殺的案子。法國的重罪法庭是有陪審團的，巴丹戴爾的訴訟策略與著名美國律師丹諾類似，他也指出此案是莫名其妙的犯罪，如果我們無法理解犯罪的真正原因，卻將他判處死刑，那死刑就不是正義，而是「一種在無知的黑暗中做出的司法祭祀。」在審理的過程裡，他想起了上一個案子的失敗，所有的死刑案、死刑犯彷彿全部重疊在一起。於是巴丹戴爾不僅為這名死刑犯辯護，還進一步把自己變成了原告，把死刑制度變成了被告，把整個訴訟變成一場對死刑的大審判。巴丹戴爾逼使陪審團慎重面對手中的決定，令他們感受死刑的沈重，終於為當事人贏得無期徒刑的判決。

隔天巴丹戴爾又走進課堂，得到學生鼓掌起立歡迎。當然這只是開始，廢除死刑的開始；雖然法國《觀點週刊》評論這個案子為「死刑之死亡」，但事實是，這只是開始，斷頭臺沒能咬住這個人，卻還等著咬住下一個人。

已經很有名的巴丹戴爾更有名了，死刑案紛紛找上他。接下來的三個死刑案，第一案很像湯英伸案，移民、低階工作、與老闆有薪資糾紛、殺了老闆夫婦。第二案很像連佐銘案，喝得爛醉莫名其妙的殺了鄰居小孩。第三案是個怪老頭，七十歲了，屢次犯下重案都逃過一死，這次又殺人，而且很欠扁的裝成上流社會的高尚人士出現在法庭上，擺出欠扁的態度，誰看了都想判他死刑，連巴丹戴爾自己都說，「我不曾為這麼討人嫌的被告辯護。」

正當大家都認為巴丹戴爾又要繼續審判死刑的時候，這位律師有新的策略，就是進行個案辯護。因為要讓檢察官出其不意，官司才會贏。第一案有癲癇，第二案精神狀態異常，第三案當然就辯說，他老了，隨便判他個十五、二十年就好了，何必動用到死刑。結果第一案贏了，沒死；第二案贏了，沒死。第三案也贏了，法官當庭宣布判處無期徒刑，巴丹戴爾轉過身來要向當事人道賀，沒想到欠扁的老先生對他微笑，說：「很好。我要上訴。」

個案的勝利並不表示死刑已經是過去式；廢除死刑是一場拉鋸戰，而斷頭臺尚未鬆口。一九七七年有個突尼斯移民被控謀殺，律師已經為他全力辯護，但還是判了死刑，執行了。誰知道他是不是最後一個。

一九八〇年秋天，忽然一下子冒出四個死刑判決。巴丹戴爾深深感覺到，廢除死刑的戰場已不在法院，而在總統大選。法國左派從來是反對死刑的，數一數法國的知識界，從雨果、卡繆、沙特到傅科，無不明白地、強烈地批判死刑，想起來簡直令人無法理解這個國家怎麼可能還有死刑。但右派執政已經很久了，而即使是右派之中的法界人士，採取的也是「等待瓜熟蒂落的現實主義」——當時的法務部長說，我也反對死刑，可是，您聽聽，大多數法國民眾都贊成死刑，所以，咱們等吧，等到時機成熟再說吧。

廢除死刑的最後一擊是密特朗當選總統，左派終於執政。那是神話一般的過程啊——密特朗選前就明白地說，我是左派，我們左派要廢除死刑。他當選了，找巴丹戴爾當法務部長。巴丹戴爾贏面大，所以決定全拿：有人建議特別殘忍的罪還是保留死刑，他不要；有人建議說清楚是和平時候廢除死刑，他不要；有人建議有替代刑，他不要。他獲得總統的支持而總統獲得了民眾的支持，所以，他一步都不讓。廢除死刑就是廢除死刑。

他們為什麼敢違背大多數的民意？因為他早就亮出底牌了，那是密特朗作為左派的政治承諾。選民沒有資格抱怨，因為他選前就講了嘛，他又沒騙你，是你自己要選他的啊。

神話啊，在那裡，左派有堅實的基礎。我們沒有，我們需要「補課」。死刑專家吳志光說，世界各國的主流民意都支持死刑，他們之所以能廢除死刑，靠的是法界菁英，因為廢除死刑這件事本質上就是不能用「多數決」的。

但是法國經驗提醒我們的是，只有在一個像樣的政黨政治的框架裡，菁英意見才有發揮的空間與實現的可能。我完全可以想像，如果台灣明天廢除了死刑，而後天發生了一起殺人案，那立刻又會有人呼籲要恢復死刑。那時候不管誰執政，在野的那個黨一定會見獵心喜，「民氣可用啊！」然後把整件事情詮釋成政府無能。要有一個對社會議題有立場的政黨，與一個像樣的政黨政治，才能抵擋大多數民意的壓力。在台灣的惡鬥政治中，我很難想像哪一方膽敢違抗多數民意，因為那必然是另一方大肆進攻的弱點。

區域壓力是另外一個重要因素。當時的歐洲共同體不斷向法國施壓，死刑變成一個與其他國家經貿外交來往的絆腳石。現在類似的區域壓力蔓延到東歐，要加入歐盟的前提是要廢除死刑。或遲或早，亞洲地區大概也會籠罩在這股壓力下，首當其衝的，可能是即將主辦二〇〇八年奧運的中國。辦奧運是個宣揚國威的公關好機會，相對的，也是所有異議份子反宣傳的好機會。中國據說一年至少處死數千人，其執行方式與確實數目均不為人知，因為他們始終拒絕國際人權聯盟（FIDH）前去了解。二〇〇八年的奧運前夕是一個角力的時間點，人權團體會把握時機提出要求，否則屆時場內奧運、場外抗議，大家難看；而中國可能會做出某種程度的讓步，換取奧運的平和進行。

如果中國果真在區域壓力下廢除了死刑，則一向以華人世界民主指標自居的台灣，將如何自處呢？諷刺的是，中國的民間力量較被壓制，所以中國政府可以比較輕鬆地採取一個違反主流民意的措施；台灣卻是民粹力量壓過一切，對台灣政府而言，不管哪一黨執政，要對抗民意都將是很大的壓力。

恐怕我們沒有辦法很便宜、很節省的繞過一般民眾的教育。在民主的進程上，在人權的普世價值上，我們年少失學，非補課不可。畢竟廢除死刑不是唯一的目的，讓大家重新省思國家的權限與生命的價值，才是目的。

四．樂在工作——林占青

許久以來，法務部對民間廢除死刑運動的回應，就是主張「漸進式」廢除死刑；官員們和氣地笑著說：「我們聽聽各界的聲音，等到時機成熟了，就可以來做。」咦，聽起來十分熟悉？這不就是巴丹戴爾說的，「等待瓜熟蒂落的現實主義」嗎？這次的「法務部逐步廢除死刑研討會」，他們準備了很精美的簡報，配了幾幅日籍攝影師風間聰的灰階照片，少年站在走廊上，地上兩方軟墊，近拍托盤與飯菜。都是尋常事物，但那蕭瑟陰沈令人明白，或者令人想像：那是少年死囚經過長廊，陽光的餘燼恰好灑進來。相機捉住那片刻，但不知道實際上少年是不是有餘裕駐足。那軟墊是死囚的終點，托盤是死囚的終餐。萬事俱備，只欠東風。

「死刑起源於應報主義，係以國家公權力剝奪罪犯生命權，使其永久與社會隔離，由於手段殘酷，不符刑罰亦具教化之主張，故廢除死刑已成世界潮流。」法務部的民調顯示，百分之八十的民眾支持死刑，不過，如果有其他相關配套措施，例如提高有期徒刑的上限、重新檢討假釋門檻等等，那麼支持死刑的比率就會降低到百分之四十。簡報頁面上的背景照片一換，藍天白雲豁然開朗，「台灣是亞洲各國裡推動廢除死刑最有成果的。」「死刑執行人數逐年下降，近五年來已降至個位數，成效卓著。」國際公約我們老早就簽了，唯一死刑也多已改為相對死刑。

就在這種死刑廢除指日可待的氣氛裡，高檢署的林占青檢察官說話了。「我擔任檢察官職務已經超過二十五年，而且我現在在執行處，我是死刑的第一線執法人員。我堅決支持死刑！如果死刑廢除的話很好啊，我就不用九點出門搞到十一、二點才回家。可是我從民國九十年接這個職位，一共經手大約十幾個死刑案件，每一件我都依規定很仔細的看卷，每一個都是窮兇惡極，罪無可逭！沒有可以憫恕的，事證都很明確！至少我個人經手的十來件，每一件都是如此。所以我每一件執行完畢，回家倒頭就睡！一點也沒有什麼不舒服的地方。」

她的聲調嚴厲，說「堅決」的時候真的很堅決，說「窮兇惡極」的時候也真的窮兇惡極。她那咬牙切齒的發音方式令我想起老牌演員陳莎莉，那種戲劇化的抑揚頓挫，好像她的劇本上寫滿了驚嘆號。

「每一個執行前我都問他，他們都認為自己該死！連他們自己都認為自己該死，那執行有什麼不對呢？我們高檢署的檢察官幾乎——我不敢說全部，但是幾乎，幾乎啦——都堅決的支持死刑！我先生也當過法官，他也判過死刑。那真的是像歐陽修所講的，『求其生而不可得』，真的是罪大惡極。我認為，把唯一死刑改成相對死刑就很夠了。」

陳莎莉檢察官的熱情高昂。「剛才說到配套措施，說提高到三十年不能假釋，這樣人道嗎？就不要說現今社會的步調這麼快，就算是回到農業社會好了，他關了三十年以後出來，能適應社會嗎？不可能！」廢死聯盟的朋友在底下回嘴：「那以後凡是判十年以上徒刑的，都一律槍斃好了。」

法務部雖說「漸進」式廢除死刑，但是去年還是批了三個死刑令。今年會不會執刑，誰也說不準。最岌岌可危的，可能是前金山高中教師曾思儒。他潛入另一位金山高中老師的住所想要行竊，沒想到那位女老師回家來，曾思儒一緊張，由偷變搶，繼而殺人滅口。在審理過程裡，每次開庭，女老師的媽媽都悲痛地昏倒；定讞以後，女老師的爸媽也不時到法務部門口舉標語抗議，督促法務部早日執刑。

報上的照片小小的，我努力辨認海報上的字眼：「轟動全國！震驚社會的金山高中女老師命案，惡魔兇手曾思儒強盜殺人，泯滅人性，罪無可逭，搶劫屠殺被害人，手段兇殘，甚至超過了白曉燕案，為我國刑案史上前所未見者，且證據早已確鑿，兇手亦早已坦承一切罪行，兇手被判處一百個死刑都不夠，請法務部拿出道德良知，依法論法，即刻將惡魔兇手曾思儒執行死刑，勿藉故拖延，讓正義實現，以維護社會治安，保障人民生命財產之安全。亦給受害者及其家屬一個公道，給社會大眾一個交代！」

圖說裡指出，被殺死的女老師父母都是小學老師，因為受到這個打擊，都辦了退休。其實不用看圖說，光看照片也看得出那種……荒涼。兩對頭髮花白的男女，直愣愣地站著，那是女老師的爸媽與親戚吧？

解嚴以後我每每看見這種逼上梁山型的抗議者：他們沒有參與過八〇年代後期的政治反對運動，也沒有參與過九〇年代前期的社會運動；他們不知道吸引媒體鏡頭的諸多要素：文宣、口號、主題曲，人潮、旗海、行動劇。他們只是因為自己受了委屈，便樸素地站出來了。海報上寫著冗贅的訴求，自己的真跡墨寶，濺著自己的淚花。他們抓不到喊口號的節奏，近乎手足無措地出現在公共場合，不像來抗議，倒像來罰站；不是來示威，倒是來示弱。

他們展示著自己的傷痛與無力，微弱地，好像站著站著就會哭出來似的。

檢察官常常是被害人家屬希望之所寄，他們替天行道、為民申冤，陳莎莉檢察官說：「我們檢察官是第一線到現場相驗的，我們跟法官不一樣，法官可能審案子的時候，時間已經久了，感覺也就淡了，可是我們檢察官是第一時間到現場的，我們親身感受到。」

廢死聯盟也注意到，這幾年檢察官求處死刑的案例變多了。死刑這個終極刑罰，仍然被視為對被害人與被害人家屬的一個終極安慰。看著受害者的苦痛，這是我最動搖的時刻。

但是，國家刑罰可適合用來當作止痛劑？有小孩子因為幼稚園的疏失被悶死在車上，他的母親何嘗不是痛不欲生，那怎麼辦，也判娃娃車司機死刑？幾年前，一位高階警官的女兒被兩個少年殺死了，這又怎麼辦，也要把那不滿十八歲的少年判死刑嗎？

刑度應與罪行相當，而不是依受害者的痛苦程度而定。陳莎莉檢察官說，「如果被害人沒有原諒的話，我們有什麼權利可以原諒？」其實不判死刑，並不表示「原諒」兇手。如同吳志光在研討會裡的感嘆：「每個人的犯罪歷程背後，都有一個故事。有的人，也許我們看不出會改過，但是我只能說，他終究是一個人！」

會議結束後，與會人士仍在現場寒暄互動，交換名片。針對廢死聯盟提出應讓死刑犯有見家屬最後一面的機會，陳莎莉檢察官說：「唉喲，你叫他們家屬來現場，到時候鬼哭神號你知道嗎！」死刑犯的最後一餐在她口中，簡直像是五星級飯店頂級主廚的精心烹調，令人不勝嚮往。末了她說：「我們很挫折！這麼窮兇惡極卻不能執刑，我們很挫折！」

我聽不出有什麼「求其生」的努力。我聽到的都是「死了好！死了好！」

對陳莎莉檢察官的感覺，隨後在一部電影裡得到精準的表達。《快門緝兇》[3]是一個攝影記者的故事。有一個即將被處死的死刑犯，想要留下記錄，要求將執刑的過程現場直播。獄方拒絕，他退而求其次，想請一個攝影記者來拍照。攝影記者在拍照的過程裡，發現案情有一些疑點，跑去找檢察官。結果檢察官一點也不想知道真相，激動地痛陳死刑犯是個多麼兇殘暴戾的傢伙，我們還是愈快結果他愈好！攝影記者冷冷地說：「我見過他了。但是，你更令我害怕。」

但她想必也有她的過程，她的人性。冷靜下來想一想，寬容是多麼不容易的事情。陳莎莉檢察官只是奉命行事執行死刑，她不偷、不搶、也沒殺人，只是強烈地、明確地表達一個不同的意見，而我已經把她當成非我族類。難怪她那麼恨死刑犯、那麼樂在工作、那麼志得意滿、那麼替天行道，畢竟那些死刑犯都還殺了人。寬容是多麼不容易的事情，而抹煞別人的人性、說別人「不配當人」，卻是多麼容易。

五・冷血告白——柯波帝

《柯波帝：冷血告白》[4] 演的是美國同性戀作家楚門・柯波帝（Truman Capote）的故事。他因為《第凡內早餐》改編成電影而走紅，在文壇與影壇都春風得意，藏不住的南方口音，近乎炫耀的男同志妖嬈作態。他從報紙上讀到一樁滅門血案，大老遠跑到堪薩斯州去了解，並且貼身採訪兩個兇手，直到他們被處死吊上了絞架。

柯波帝多麼有違倫理的在索取秘密啊。他拿自己的秘密去換，搬出自己並不光彩的出身，博取兇手的信任；他假裝他跟這些鋌而走險的兄弟們是一掛的。柯波帝說：「你不講也可以啊。但是你不講的話，大家就繼續把你們當成冷血的怪物。」這種話等同於一個溫暖的承諾，好像他在柯波帝筆下就將散發不同的光芒。

但實情是，柯波帝從一開始就打算很冷血。他想出很棒的書名叫「冷

---

3 原片名 *Somebody Has to Shoot the Picture*，1990 年。

4 原片名 *Capote*，2005 年。台灣地區於 2006 年上映。

血」，得意地跑去跟警長邀功，警長冷冷地說，「『冷血』指的是他們兩個，還是你的訪談哪？」

柯波帝不敢說書名，不敢給他看，混著等待他們被處死以後就死無對證了。所以當兩位兇手邀請他前來「觀禮」時，柯波帝崩潰了，因為他愧疚。柯波帝的男朋友說他愛上人家又利用了人家；柯波帝說：「怎麼可能呢？這不是很矛盾嗎？」但是柯波帝夠怪、夠矛盾，而他男朋友夠了解他。確實就是那樣沒錯：他愛上人家又利用人家。

柯波帝軟硬兼施問出了那一夜。《為廢除死刑而戰》裡說，殺人犯都不能描述他們殺人的事情；我感覺那是很合常情的。但這最後的答案卻被柯波帝在很合適的時候問出來了。那流淚的敘述留給我們的問題是，世界上到底有沒有「冷血」這回事？驚慌。瞬間的狂暴。片刻的麻木。情緒的時差。他無法描述，不因為他不記得，而因為他不理解。

事情是他做的但他自己也不理解。他也覺得恐怖。他也覺得冷血。他但願沒有這回事。

沒辦法替他辯解說那樣殺人不算冷血。但是我見識過那種人性的黑暗，雖然手段不是暴力的，意念卻是同樣的冷血。惡與恨是在裡面的，在意志薄弱的時候，擦槍走火。如是觀之，所有傷害都是誤傷。

反過來說也對，所有傷害都是故意，內在暗藏的惡像礁石一層一層墊高，當大海搖晃，尖銳的礁石就等著劃開任何能夠流血的東西。礁石早就在了，那裡面沒有偶然。

我不能說他那樣不算冷血。我只是聽完了他的敘述以後，感覺到還可以繼續為冷血舉出許多例子，而我不知道，他是否比其他例子更為冷血。

如同沒辦法替柯波帝辯護說他那樣不算冷血。非虛構作品最困難的地方是，要犀利，但又要面對你的受訪者。躋身上流社會的柯波帝要玩弄一個中下階層混血死囚真是太容易了，施點恩惠餵他吃東西，略施薄懲轉身離開，間雜著調情，「好好想我，每五分鐘給我寫封信。」他還沒問完的時候擔心萬一執刑了怎麼辦，等他問完了他可巴不得兩人快點去死，他好出書。

但是近年愈來愈體會到，相欠債是人際關係的一種。有欠才會有連結。不能否認柯波帝的《冷血》[5]寫得真好，那絲絲入扣的貼近感，難道不是因

---

5 遠景，楊月蓀譯，已絕版。2009年由遠流出版社重出。

為他在情感上那麼投入嗎？說起來柯波帝也付出代價了。他出版《冷血》的時候不過四十歲，沒想到那就是他的最後一本書。後來雖然還有選集與改編劇本，正值壯年的柯波帝卻再也沒有像樣的創作問世。

他沒有全身而退。或許那虧欠感繃斷了他內在的創作血路，或許鋒利的礁石開始切割內心的海水，像胃潰瘍的病人，胃酸開始侵蝕自己的胃壁，終於從裡頭開始敗壞。

到底怎麼樣定義冷血呢？電影明星阿諾史瓦辛格自從選上加州州長以後，已經簽了好幾個死刑令。我和住在加州的朋友開玩笑：「誰叫你們選『魔鬼終結者』當州長！」有一個謀殺犯在獄中關了二十幾年，傳奇似地改過向善，屢次獲得諾貝爾和平獎提名，執刑在即，但阿諾不肯動用特赦權。

阿諾是奧地利裔，入籍美國以後，仍然保有奧地利籍。他的家鄉對他不斷施壓，因為西歐各國早已廢除死刑。他們威脅要將阿諾除籍，以阿諾為名的體育場也要改名。阿諾態度強硬，主動把故鄉頒給他的榮譽公民戒指寄還，言明今後一刀兩斷。死刑如期執刑。

不久後，加州又要處死一個人。反死刑人士奔走呼籲停止執刑，因為許多研究顯示，打毒針並不人道。我的加州朋友動搖了，他說：「那個人以前用斧頭，把一個小女孩活活打死。打毒針太痛苦？那個被活活打死的女孩子，又怎麼說？」

我想，我們執行的處罰不管怎樣都無法跟犯行相比，犯人一定比我們殘忍。他們害死無辜的人。我們殺犯人，無論多麼沒道理，總還是有一點道理，至少有個正當程序。這程序再怎麼有缺失，也比犯人直接動手殺死別人好一點。電椅、槍決或毒針再怎麼殘忍，一定比罪犯殺人的方式俐落得多，因此死刑犯所受的痛苦，一定比受害者少。

這就是我們站得住腳之處：我們不殘忍。如果失去這一點，我們亦無所立足。我們比不贏的。也不應該比贏。

對死刑的呼求，說明了我們心底羨慕殘忍。雖然我們有很多但書，我們不做；可是我們想要。道德的海水僅能淺淺地漫過礁石。死刑是我們宣洩恨意的合法管道，我們用來懲罰那些恨得太多的人。如同金賽說，花痴就是做愛做得比我多的人；冷血就是恨得比我多的人。

六．等死人——鄧武功

高雄看守所在高雄縣燕巢鄉。和所有小鄉鎮一樣，燕巢最熱鬧的地方就是一條街，但是看守所當然不會在那裡，而是被推到比較外圍，比較不礙眼的地方。我從借住的朋友家走十五分鐘到高雄火車站，往北坐兩站到楠梓，然後坐計程車到看守所。如此費時一小時。

第一天，下飛機直奔看守所，抵達的時候，會客區有點冷清，因為早上登記接見的時間只到十一點，現場剩下最後一梯等待接見的家屬。左邊櫃臺是接見登記處，右邊是寄物處，都已經拉下了鐵窗。只有中間的櫃臺還開著，是家屬購物處。購物處有一整面白色的櫃子展示著各種食品與日用品，加上櫃臺前方藍色的金屬椅子，使這個空間看起來就像醫院裡的精神科。在此出沒的人像蜘蛛一般，羞怯地找一個角落，然後一動也不動的躲著。

購物處的價格合理，大罐可樂四十五元，科學麵五元，絲薄蝶翼衛生棉七十元，水果七十元。也有一些比較時髦的東西，比如油切綠茶，或者高檔水果如富士蘋果、加州李、鳳梨釋迦。這裡最頂級的商品是八吋的生日蛋糕，四百元。

我想：「不知道鄧武功的生日是什麼時候。」然後立刻丟下這個念頭。不必吧。

我在購物處的櫃臺抄寫價目表，忽然瞥見一個餅乾桶裡面放了好些一式一樣的紙條，料想是某一種申請單據，二話不說先偷一疊，然後若無其事躲到角落裡去，細看我究竟偷了什麼。那是「家屬寄款單」，因為會面時不許交付任何物品或金錢，所以給受刑人的錢必須填了單據交給櫃臺。一張兩千元，兩張一千元，和一張五百元。這單據是牛皮紙，紙質粗厚，我一邊懊惱，居然只偷了四張，早知道多抓一點；一邊唏噓，這個妻子來這個鳥不生蛋的地方探望丈夫，就只寄給他五百塊？

十二點十分，男所的第十梯接見，所有家屬湧入一個小門，不到一分鐘又湧出來，全部擠上櫃臺來買東西。關在牢裡咫尺天涯，受刑人的願望，得靠家屬代為完成。

根據右側的展示櫃，受刑人今天中午吃吳郭魚和什錦菜湯，昨天晚上吃咖哩雞丁、香酥白北魚與薏仁綠豆湯。根據號碼機，一個早上的會面人數大約兩百二十人。根據我所看見的，他們約八成是女性，階級屬性銘刻在衣服品味上，不見得有風塵味，但是有很多亮片。根據戶外的煙灰缸，家屬們煙抽得兇，檳榔也吃得不少。

寄物處放了一個秤，就是市場裡很台的那種秤。物品限重兩公斤，櫃臺上貼著告示，「寄物請勿夾帶違禁品，以免受刑人受罰。」大部分的人寄自製的食物，湯湯水水的，所以寄物處也賣塑膠袋，一個兩塊錢。一個兔唇的女人秤了一袋食物，不幸重了點。她懊惱的走到外面去，把湯汁倒在花圃裡，十分不捨的說：「那可以澆飯耶……。」

下午的訪視從兩點開始，時間逼近時，現場可能來了近百人，瀰漫著躁動的氣氛。工作人員粗聲粗氣的叫號，櫃臺前還沒被叫到的人也不怎麼肯讓開，反正大家就擠吧，依稀記得在台北邁入文明而冷淡的紀元之前，也是差不多這樣，等待了很久的人將申請單在櫃臺上不停ㄌㄨ來ㄌㄨ去，用那窸窸窣窣的摩擦聲來催促櫃臺裡的人，快點，快點，快點。在這個地方，你絕對不會想對身邊的人說：「我去上個廁所，麻煩你幫我看一下包包。」就算背包裡有個保齡球，你也會把他帶進去。

我和所有人一起排「一般接見」，但是我的單子與證件自動被轉到隔壁櫃臺，批下來的時候批的是「電視接見」。我去寄物處交寄一本書，工作人員要我寫上受刑人的名字與編號，我便在扉頁簽名題贈。不同的工作人員，一樣的粗聲粗氣：「妳寫在哪？」
「翻開那一頁。」
「寫外面。」
我瞬即明白這是一個沒有美感的世界，拿起櫃臺上粗大的奇異筆，毫不客氣的寫在封面上，好像粗聲粗氣的喊叫著：405！鄧武功！

《為廢除死刑而戰》裡面說，殺人犯都不能描述他們的罪行，所以我看今天也就是熱身一下，告訴他廢死聯盟打算幹什麼就好了。

輪到我走進那個小門，原來是通向地下室。經過一條不見天日的長廊，來到另一道鐵門，再交驗一次申請單與證件。這是一個狹長的房間，兩排人背對背，一邊是「一般接見」，大概有十二個窗口，另一邊就是「電視接見」，大約五個座位。「電視接見」人不多，大概朋友都是排「電視接見」吧，我隔壁的是因為那位受刑人在生病。
「一般接見」的窗口有鐵門。另外一頭的受刑人也到了以後，鐵門拉起來，中間仍然有三道鐵條，以及小時候才有的那種深綠色的紗窗。「電視接見」則是面對一個十五吋的電腦螢幕，抬頭三尺有錄影機，用電話機講話，就像跟網友用網路攝影機聊天一樣。唯一的問題是錄影機從高處俯拍，每個人看起來都像大頭狗。不過，「一般接見」每人臉色發青，臉上還有三條黑線，相較之下，大頭狗也不賴。

螢幕從正中央眨了一下眼睛，鄧武功就出現了。簡單寒暄後，我問他為什麼不要幫助？他說不是不要幫助，是因為他不太會講話，希望我能找他們主任，辦理特別接見，他才好面對面跟我解釋案情。搞了半天，原來「一心求死，拒絕協助」純屬誤會；之所以溝通不良，多少是因為鄧武功覺得，「綠雲罩頂」這件事情實在太痛苦太痛苦，太難以啟齒了。

我感到有點為難，「找主任幫忙」似乎是他一廂情願、過度樂觀的期待，但是他說，「現在民主時代，我們主任都對我們好好，好照顧耶！上次他們來接見的時候問我們在這裡怎樣，我也說我們都很好啊」，然後又重申希望我去見「鍾主任」。

螢幕上是他剃得青青的頭皮和額頭，三條抬頭紋。我看著他一直幻覺聞到檳榔味。我的台語不怎麼輪轉，但這樣才好，我講話很遜，他才不會緊張。其實我覺得他好像並不怎麼緊張，也不內向或怕生，他很流暢的有問有答，口氣甚至有些急切。我向他說明聯盟會做非常上訴與特赦，他對特赦感覺洩氣，我說姑且一提啊。

我隱隱約約在緊張。我擔心他不悔悟怎麼辦？

「你還有三個小孩對不對？他們在哪裡，跟你哥哥在雲林嗎？」

「我不知道他們在哪裡，我哥哥叫他們回去他們都不回去。他們在警訊筆錄都說我多壞你知道嗎！我就想，我為家庭犧牲這麼多，把你們養到這麼大，你們還這樣，那算了啦，乾脆放棄好了。我就教我哥哥跟他們說都不要來算了。」

「那他們生活怎麼辦？」

「那時候有分財產啊。」

「什麼財產？」

「我太太有一個保險。本來四個人分，現在他們三個人分，每個人分七十幾萬。被他們舅舅拿去了。」

我覺得我的不祥預感已經成真。他的態度或許說不上理直氣壯，但似乎自認別無選擇。他寫了自傳敘述案情，我雖然還沒看到，但似乎也在解釋他的不得已，他好像期待小孩將來懂事了、看了，就會明白他的苦衷。他還在恨。他還在對世界聲明他的恨其來有自。我問他屏東家的地址，他說：「九如鄉三塊村……三塊村……ㄟ，忘記了。我一直想把這些事情都忘記。我明天查了再告訴你。」

我走出來的時候，外面是一個有著新鮮空氣的南台灣午後，我的心情有點沈重。我想到剛才那個兔唇女子，沒有人會送家常菜給鄧武功吧，廢話，可能會做菜給他吃的那個人，已經被他殺死了。我為他擔心，他真正是家破人亡了，雖然他哥哥姊姊會來看他，但哥哥在雲林，姊姊分別在彰化與台北，大概不會太常來；而且他最希望見到的是小孩吧，但他們不想來，也可以理解。我企圖跟鄧武功說，發生這種事，小孩大概也很難面對；但我覺得他並不想聽。他比較希望別人知道他的感覺，而不太想知道別人是怎麼感覺的。

檳榔味沒有了，我恍然大悟：剛才那不是幻覺，只不過是從話筒來的，不是螢幕裡的鄧武功！

我很想看他寫的自傳。三十分鐘的會面時間實在有限，自傳或許才能比較完整的了解他的狀態。那未必是事實真相，但卻是他的心靈地圖。我決定去找鍾主任拗看看。旁邊有一棟大樓，銀色燦亮的鐵門看起來就像大門深鎖，我覺得奇怪，禮拜一還不上班？剛好有個人走進去，方知門沒鎖。向門口的年輕男生說明來意，替代役男膽小怕事全寫在臉上，但終究是幫我通報了。鍾主任在電話裡又好好盤問了一回，答應出來見我。

鍾主任高高壯壯的，手上有一大串鑰匙。他說鄧武功剛來的時候有暴力傾向，跟獄友——他們的行話是「同學」——相處時會很暴躁，而且老是想自殺。現在穩定多了。沒有什麼人來看他。我說：「我剛才看到家屬購物區有些水果什麼的，那沒有家屬來，他怎麼辦？」鍾主任說：「那就靠我幫忙。」

鄧武功在這裡已經三年多了。「那你呢？」

「我喔。我在這裡五、六年了。我手上大概走掉十個死刑犯了，說起來實在很感傷。我沒有當他們是死刑犯，沒有當他們是受刑人。他們都很喜歡我，可是我下個月要走啦，我要升官了，去中部。他們現在都很緊張，因為不知道下一個主管怎麼樣。」

他的用語令我驚訝，「我手上」是什麼意思？我問：「在死刑的執行過程裡，你扮演什麼角色？」

「心理師，諮商師，終結者。」

我目瞪口呆。我問的只不過是個形而下的問題，他竟然給我一個形而上的答案！

鍾主任解釋道：「我每天下午下去跟他們聊天。有時候下午三點多接到通知，說今天要執行——可是我剛剛才跟他講過話而已啊！很感傷。」

「下午三點就知道了？」

「只有我知道。因為我要幫他準備很多東西。我們把人從牢房裡帶出來，他們不肯出來，我要進去把他帶出來。最後一餐，他們不肯吃，我要哄他們吃。吃完了他們不肯站起來，因為一站起來，法警就接手了，我要去讓他站起來。執行的時候，典獄長要在，副典獄長、總務處的、人事室的主管都要在，全場二十幾個人；可是他們眼睛裡，就只有我而已。」

這位一線四星的警察並沒有因此就鬆懈了對我的戒心。我正待追問勸死囚出牢房的方法，他就託詞還有事情要忙，作勢起身。當我們走出會客室的時候，他喃喃自語：「你們要幫他提非常上訴喔……好啊，看能不能減成無期……唉……」我回頭準備跟他說再見，卻發現他已經站在又一扇銀色燦亮的鐵門前，轉動他那一大串鑰匙。

回程的計程車司機是個笑嘻嘻的運匠。與來的時候一樣，他們總是假設我是來做別的事——朋友在這裡上班？來開會？反正，不是探視壞人就對了。我穿得邋遢，不夠台，所以不像家屬。然而這出於好意的誤解，正說明了受刑人家屬也是受歧視的一群。這位開心阿伯每天都跑到這裡來載客，他應該看多了——我打算尋他開心。

「我剛才去看一個死刑犯。」

「啊？」後照鏡裡，阿伯的慈眉善目不見了，嚇了一跳以後，臉色陰沈許多，說話也變得謹慎。「是什麼事情？」

「殺人。」

「幾個？」

「兩個。」

阿伯沈默了一會兒，問我：「他是你什麼人？」

「不認識啊。」阿伯釋然了，對我又卸除了心防。

我告訴阿伯，我們是公益團體，來關心受刑人，問問看他們有什麼需要，因為可能也沒有其他人來探望。

阿伯說：「喔。問他們要不要捐器官？」

高雄是我回憶婦運的地方。高雄醫學大學性別研究所有一票以前婦運的老朋友，這麼多年過去，我們都變了。於是面對面的時候，我們都很忙：一面比較對方的現在與過去，一面從對方的瞳仁倒影中，比較自己的現在與過去。

我這些年不再積極參與婦運，但我沒忘記。我有改變，但我沒放棄。我或許是一個不一樣的女性主義者，但我還是一個女性主義者。我對於一個殺妻罪犯能有多少寬容？而我又將如何回應舊日的自己？

彭婉如命案發生的時候，我寫過一篇文章叫做〈殺女人的年代〉。結尾處我寫道：「在父權社會裡，男性的暴力就是女人生存的現實。從言語暴力、性騷擾、強暴到殺女人，在在表現出強烈的恨女人情結；男性暴力無所不在，而且廣受包容、見怪不怪，說明了殺女人絕非偶發事件，而是結構性的恐怖統治。彭婉如之死被某些人視為治安的警訊，可是整頓治安只是治標之法。只要父權仍在，大眾仍然勤於為男性暴力找尋藉口，勤於恐嚇女人乖一點……，那麼治安再好也不能保障婦女的人身安全與尊嚴。Diana Russell 所言不假，我們活在殺女人的年代，必得踏出破天荒但必要的一步，去終結它。」

Diana Russell 編了一本書，就叫做《殺女人》[6]（*Femicide*），當年我看了深受感動。裡面提到，許多殺妻案件都發生在女人終於下定決心離婚的時候，因為男人就是不能忍受她膽敢離去。

那麼對於鄧武功，我應當為他說什麼呢？我反對他的死刑嗎？倘若我反對，那我也在為他、為男性暴力找藉口嗎？我也忘記了那個、那些被殺害的女人嗎？

但是，我怎麼能夠忘記。當我走在暗巷裡聽見後面響起腳步聲，或者過了午夜伸手攔計程車，那些我曾經僥倖忘記的，通通都會回來。

在高雄坐計程車，我不可能不想起彭婉如。而她只是諸多性暴力受難者裡，有名有姓的一位。除了彭婉如以外，還有更多無名的小水滴，在我心裡凝聚成一片烏雲。

我怎麼可能忘記。

高雄縣燕巢鄉是一個非常荒涼的小地方，有一萬戶人家，三萬居民，惡地形發達，有泥潭，泥火山，還有石灰岩形狀怪異的山峰。

6 *Femicide: The Politics of Woman Killing*, ed. by Jill Radford and Diana E. H. Russell. New York: Twayne Publishers, 1992.

燕巢本來叫做「援剿」。鄭成功趕走荷蘭人以後，把他的預備部隊駐紮在這裡，而這裡反正也沒有名字，所以就叫做「援剿」了。日本殖民台灣的時候，把殺氣騰騰的「援剿」改成了輕聲細語的「燕巢」。三、四月是龍眼開花的時節，龍眼甜，花也甜，所以三、四月時，燕巢的蜜蜂都很忙碌。

一如所有荒涼小村，燕巢的名字美麗，但現實並不。燕巢是高雄地區的墳場，燕巢境內佔地九十公頃的深水山公墓是高雄最大的公墓，從市區驅車前往大約三、四十分鐘，算遠的。高雄市區內本來有覆鼎金公墓，但是在民眾反對之下，已經禁葬多年。都會區民眾不喜歡看見死亡的地標。遠在燕巢的深水山公墓吞下別人不要的，高雄地區的兩萬個墓位裡，有一萬四千個葬在深水山。許多私人墓園也都選在燕巢，其餘分布在旗山、內門或大寮一帶。

活著的小燕子都飛走了，老了的、死了的，留下來。現任燕巢鄉長施政理念第一條就是：「推動公墓公園化，配合民意興建納骨塔，使往生者不用遠赴他鄉，得以落葉歸根。」可見墳墓是燕巢最重要的部分。

深水山公墓，很詩意的名字。一九九一年發生在汐止的吳銘漢、葉盈蘭夫婦命案，兇手王文孝遭軍法槍決以後，家人拒絕領屍，遺體就由慈善團體葬在這裡。深水山公墓是民國七十至七十五年之間興建的，地勢陡峭。去年六一二南部地區的豪雨，深水山公墓出現了走山現象，有一家人在父親節去掃墓的時候，發現老爸爸已經「出土」了。他們氣得淚眼汪汪，指責公墓管理不力。

十幾年來，沒有人為王文孝上過墳。——到底還在不在啊，要不要去看看？跟鄧武功的生日蛋糕一樣，我也很快丟下了這個念頭。他是殺人犯，我對他的同情不能過量，否則對於被他殺死的人怎麼交代？我無法想像自己千里迢迢地跑去，即使只是為他燃一把香。

王文孝已經死掉了。我不會知道，他是怎麼把人生的積木，堆成了一個傾頹而無人聞問的土饅頭。我把來不及問王文孝的問題，拿去問鄧武功。

「我昨天有去見鍾主任你知道嗎？他有告訴你嗎？」

鄧武功笑了。「有啊，他虧我耶。」

「虧你什麼？」

「嗯……就是虧我啊。我們主任好風趣的就對啦，都會逗我們笑。」他充滿崇拜與感激的說著鍾主任。

今天的談話比昨天輕鬆，因為待會兒我就會去找鍾主任拿自傳了，鄧武功不像昨天那麼擔心，怕沒人了解他的案子。他說剛剛去自首的時候，反正也不想活了，在放棄的狀態下做筆錄、接受審判。後來在獄中，教誨師、鍾主任都一直開導他，他才比較沒那麼想死。問他他們都怎麼勸，他也說不出來，「就是……講一些道理啦」；不過，「我到目前也還是有這樣的念頭，覺得算了，反正這條路我早晚要走，家庭都破碎了，我也沒什麼好活的。」

「你現在想到你太太，你的心情是什麼？」

「就是心很『凝』，很痛苦就對了啦。我常常想到我們以前的事情，我們是戀愛結婚的啊。我當兵的時候認識的，到我們發生事情，剛好二十年。我對她這麼好……」

「那個男的呢？」

「我比較不會想到他啦。他破壞我的家庭，挑撥離間，本來就應該要死的，但是我也沒有要他死啊。那時候我太太我是真的氣得『抓不住』，真的要她死；但是那個男的我沒有要他死啊，他是後來去醫院死的啊。」

「你後來跟他的家人和解了對不對？」

「對。」

「多少錢和解的？」

「一百五十七萬。」我低頭寫下這個數字，他又自動補充：「沒付。」

「為什麼？」

「還沒付。他們去查封我的一塊地，是祖產。已經拍賣了，但是第一次流標，還會再拍賣。」

「他們和解的時候是什麼人來？」

「律師。家屬沒來。第一次開庭就和解了，我沒有律師，就我自己出庭。」

「那我還有一個問題請教。你之前傷害致死的那條案，後來你有上訴。可是我看那個時間，你上訴的時候，你這個殺人案都已經定讞了，我覺得很奇怪，你這邊死刑已經定讞了，還跑去上訴那個傷害罪幹嘛？」

鄧武功看起來很困惑，彷彿在想，「哇，我沒告訴她她怎麼知道有這條？」我心裡暗暗得意。我是有做功課才來的耶，你以為我像傻瓜一樣來給你騙啊。他還不答腔，我便說：「跟黃上佑一起那個啊。」心裡又得意了一下，我連你同夥的名字都知道耶，還不快招。

我從網路上的判決查詢裡找到了他的案底。八十四年煙毒前科，九十一年妨害自由，幾個月後，就是這樁殺妻雙人命案。妨害自由的案子是他介紹雙方買賣毒品，結果買家竟然搶了賣家。賣家不甘損失，跑來向鄧武功要人，鄧武功只好陪賣家一起去向買家尋仇，砍了人家幾刀以後，就把人丟在路邊不管了。那人後來死了。鄧武功在場而沒有動手，被判妨害自由。

這起夾心餅乾案，也許是嫉妒之罪的序曲。共犯中有一個人的口供說，事成之後黃上佑「請」大家吸海洛因，謝謝大家幫忙；無人一語提及被丟在路邊流血的那個人。那景象是否讓鄧武功感受到人命輕如螻蟻的現實，於是不久之後便對前妻痛下殺手？甚至這一幫兄弟，在鄧武功「綠雲罩頂」的痛苦中，是否扮演了搧風點火的角色？

鄧武功還是滿臉困惑。他好像很用力的在回想，自己是否遺漏什麼事情。

這下我動搖了。我們兩次會面，他回答問題都很明快，剛才不是還說那男的該死嗎？這件事情也不過是妨害自由而已，幹嘛不承認？難道不是他？

「你有沒有前科？」

「沒有。有一個在嘉義的是車禍，和解了。還有一個在基隆的是我告對方，因為他開車撞到我。」

「啊？那個不是你啊？」

「？？？」

「那個鄧武功啊……有吸毒，後來又有傷害致死……」

「我沒有啊！我沒吸毒。那個不是我。嘉義那個車禍，在我的巷子裡面都有。」

%$#＊&！不是他！那我對他整個人的評估都要重來。沒有序曲，沒有吸毒，沒有仲介，沒有妨害自由……我得把他重新想一遍，抹去另外那個鄧武功的身影。

這個鄧武功坦白、誠實，今天三十分鐘的談話裡，他主動說出許多對自己不利的事情，沒有遮掩迴避。例如和解金沒付；致人於死的意圖；還有昨天說什麼太太的保險「本來四個人分，現在三個人分」，好像他在肖想他那一份似的。他不狡猾。他甚至於，很老實。

等到我從鍾主任手中接過鄧武功的自傳，那才是更大的驚嚇。鄧武功是一個頭大大的、粗粗壯壯的中年男子，可是他的自傳，竟然每個字都縮得像米粒一般大小。鍾主任對我說兩句客套話，還像昨天一樣的警戒，連坐也不坐下來，一閃就不見了。

昨天的開心阿伯等在門口，招呼我上車。阿伯有計程車司機的職業敏銳，我們才剛迴轉，他就看見另外一個人，立刻喊他上車。他很年輕，穿台客花襯衫、深藍色西裝褲與拖鞋，頭剃光了，塑膠袋裡裝著一些零碎的東西，顯然剛放出來。阿伯遞煙，遞打火機，遞檳榔，熱絡得很。阿伯邀我去看燕巢名勝泥火山，所以先送他。

光頭小子在車裡抽煙。但是他剛放出來，所以我也不敢吠。阿伯跟路上別的駕駛打招呼，我說：「哇，全村的人你都認識啊。」阿伯哈哈一笑說：「認識這些不會害人的人沒關係，像你這種好人多認識一點沒關係！」這樣我才堅定了跟光頭小子搭訕的決心。我不想他在這對話裡被排斥、被當成壞人。

光頭小子有一對作夢的眼睛，嚼檳榔的牙齒，喊壞了的粗嗓子。

「你要回家？」

「對。」

「你幾歲啊？你看起來很年輕。」

「二十六。」

「二十六！你看起來好像十六歲。」我說謊，但嘴甜一點準沒錯。

「十六歲的話就不會被抓進去了。」

「你是什麼事進去的？」

「顧台子。」

「啊？」

「顧台子。」

「啊？那是什麼意思，我聽無。」

阿伯看不過去拔刀相助：「賭博啦。」

光頭小子經營賭場。這次被判有期徒刑三十天可以易科罰金，本來要罰錢了事的，但是手續來不及辦，所以坐了五天牢。易科罰金一天九百，我說：「哇！」他無所謂：「我們賺得快，不怕他罰啊。」他的賭場裡什麼都有，聽得懂的是麻將，聽不懂的還有六、七樣。我說：「但是一定有人輸錢翻臉的啊，那怎麼辦？」光頭小子的台語又快又俚俗，我仍然完全聽不懂，但是他的表情與音調說的是：「誰怕誰，來拼啊！」

他家好遠，過了一個小小的鐵路平交道以後，路牌已經是橋頭鄉了。而光頭小子對監獄生活還算滿意。吃得不是頂好，但也不會餓著。每天打籃球。可以抽六支煙，跟外面一樣價錢，公平。我問有沒有檳榔，光頭小子和阿伯一起笑起來，「沒有啦，那麼好！有煙就不錯了！」

等到光頭小子發現的時候已經太遲了：阿伯沒有跳表。「這樣多少？」「五百。」光頭小子打手機給「七仔」讓她準備錢。顯然阿伯心裡有兩把尺，跟他收的是「壞人價」，跟我收的是「好人價」。他載我都跳表，而去泥火山他說「隨便你啦！」

那是一棟大樓的一樓，外牆很一般的貼著二丁掛磚，鐵門拉起一半，一個睡眼惺忪的女孩子從裡頭鑽出來，拿著五張百元鈔。從小狗的眼神可以看出主人平常有沒有踢狗；他的「七仔」看著他的時候，眼裡就有那種恐懼。

我淡淡的說：「這樣關……有用嗎？」

阿伯淡淡的回：「我每天都載這種人。」

我決定明天放假一天。太多壞人壞事了，夠了。喘口氣，讀讀鄧武功的自傳。

鄧武功當兵時與黃金玲戀愛，家人反對，但兩人執意成婚。

鄧武功是雲林人，黃金玲是屏東人，都是鄉下地方。鄧武功認為去都市才有機會，遂去台中港開拖車，賺了點錢便自己當起老闆，有個小事業，也買了房子。工作時間很長，整天在外，黃金玲在家照顧三個小孩，十分懷疑鄧武功有外遇。鄧武功偶有應酬，但他說，實在是生意所需，他已經盡量早回家了。應酬的地方有粉味，但他沒有跟小姐來往，小姐也不曾找上門來。總之兩人爭執不斷，鄧武功最後決定結束這個小事業，舉家搬到屏東縣九如鄉。

那是黃金玲的娘家，她的兩個哥哥都住在那裡，大哥從事大理石的工作。他們向黃金玲的大哥租房子住，並且從頭學習大理石的切割組合工作。鄧武功感覺自己為了太太犧牲很多，昔日頭家變伙計，有殼蝸牛變無殼蝸牛。

幾年後他們在九如鄉貸款買了自己的房子，也自立門戶從事大理石業，夫妻一起工作。但是經濟波動，生意時好時壞，兩人的感情也時好時壞。後來生意沒有起色，不得已結束了大理石業，鄧武功又回去受雇於人開油罐車，黃金玲則在二哥經營的海釣場上班。

今昔對比，鄧武功覺得很挫折。早知道就留在台中港，那裡有努力了十年建立起來的人脈。現在他跌回原點，過去的努力好像都成空了，而且他陷在太太娘家的人際網絡裡，或許多少有點心理不平衡。夫妻的老問題又回來了，他每天開車十幾個小時，太太懷疑他不忠；夫妻的新問題也產生了，黃金玲現在是職業婦女，她有她自己的發展與改變，她學會了抽煙，在海釣場也有與其他男客互動的機會，鄧武功很生氣，也很嫉妒；他也懷疑太太不忠。

他們結婚得早，三個孩子都大了，長女已經開始工作賺錢。鄧武功與黃金玲的薪水加起來有八萬多，其實也很夠用。這時候黃金玲決定要去兼第二份工作。她在海釣場認識了一個客人陳欽全，是國泰皮革廠的工頭，邀請她去上大夜班。鄧武功很生氣，認為那男的一定意圖不軌，而家裡既然不缺錢，黃金玲卻執意要去，那她一定是對他也有意思了。

鄧武功的怨恨在累積，這裡面包含了許多男人的自尊。事業不順利、入贅一般的處境、戴綠帽子的疑慮，全部都記在黃金玲的帳上。鄧武功無法不去想，三更半夜的國泰皮革廠，除了門口警衛亭裡的一名警衛以外，偌大的廠房就只有黃金玲與陳欽全兩人。陳欽全是工頭，如果兩人整夜都不工作、沒有出貨，也不會怎樣；那麼這兩人會在幹什麼？

鄧武功不是一個好脾氣的人。他不只跟太太長期不合，三個小孩跟他也不親，在父母親的爭執裡，小孩都比較同情媽媽。長女有一次對鄧武功罵髒話，他氣得拿菜刀要殺她，被村長制止。夫妻吵架的時候，鄧武功也曾經砸毀家裡的酒櫃，用剪刀剪破太太的衣服。他累積的憤恨將以暴力形式表現，問題只在於，對誰？鄧武功企圖自殺很多次，都被家人發現阻止。

黃金玲堅持要離婚，鄧武功更深深感覺自己的失敗。家庭破碎了，好像一支投資多年的股票跌停下市了，血本無歸。他下筆簽了字，但是心裡沒有，黃金玲也沒有搬出去，生活還是照舊，一紙離婚證書並沒有帶來太多改變，反正本來就已經在吵架了，現在再吵也是一樣，而他們甚至沒有分床睡。

離婚四十天以後，鄧武功決定了。他打算明天回到雲林老家去找相熟的代書，把一塊祖產的土地便宜賣給他，拿了錢去大陸玩，花光以後，就在那裡死死算了。他收拾好衣物。浴室裡傳來嘩嘩的水聲，鄧武功打開浴室的門，對著蒸騰的熱氣裡一個熟悉卻模糊的人影說：「這是我最後一次看妳洗澡。」

十一月的夜裡應該很寒了，鄧武功出門開車，回到家時是八號早上。他愕然發現，黃金玲已經連夜把東西搬走了。他忽然又大受刺激，立刻趕到她的娘家苦苦哀求，雖然他已經連續三天沒有闔眼了。但是黃金玲也受夠了，二十年的婚姻至此已是歹戲拖棚，她不要復合。黃金玲的大哥、大姊都在，他們說出的每一句話，鄧武功聽起來耳朵裡都有刺。這又是一個入贅似的場景，鄧武功孤掌難鳴，覺得被他們聯合起來欺負了。

他只得回家，但他心裡覺得，沒有家了。他還是沒睡，發呆，流淚，抽煙，喝酒，晚上孩子回來，他用交代後事的口吻對他們說：「你們以後就見不到爸爸了，要自己照顧自己，自己要會打算。」

他去了國泰皮革廠。

他誠實但是不可信。他敘述的是鄧武功版本的故事，但在他的刀下死去了一個黃金玲版本的故事。他說她老是為了莫名其妙的「小事」「藉故」爭吵；在黃金玲的版本裡，那一定是大事。她學會了抽煙，並且毫不在乎的在鄧家親戚面前抽，在鄧武功版本裡這是大事，但在黃金玲的版本裡可能是小事：我抽煙關你屁事。

他不可信但誠實。我對他的史觀保持警戒，但是我大致相信他所提供的具體事件細節，因為兩次訪談他都給我這樣的感覺：無所隱瞞。我問他屏東家地址、太太娘家地址，他全部都告訴我，沒有一次問我「妳要幹嘛」。

「三ㄏㄨˋ街，哪一個ㄏㄨˋ，家家戶戶的戶？」

「不是，是大ㄏㄨˋ翁的ㄏㄨˋ啦。」

「東ㄌㄧㄥˊ村，哪一個ㄌㄧㄥˊ？」

「安ㄌㄧㄥˊ的ㄌㄧㄥˊ。上面一個帽子，中間一個心……。」

在他的人生裡，我讀到性別也讀到階級。他希望黃金玲像剛認識的時候那樣純潔如白紙，他的希望破滅於黃金玲去上班而有自己的人際網絡。至於他自己的人際網絡裡面不那麼純潔的部分，例如得去有粉味的地方應酬，他則希望黃金玲能包容、了解、信任。不，他認為她「應該」要這樣，「人家說，一個能成功的男人，背後一定有個偉大的女人支撐著，能讓男人無後顧之憂的努力向前，而不是像她這般的吵鬧不休……」。

他們曾經一起從事大理石業，那似乎是美好時光，但是景氣起落支配了婚姻品質。景氣好，生意好，就開心，景氣不好，生意收起來，又沒好日子過了。貧賤夫妻百事哀。後來出現的情敵是個工頭，並且運用了工頭的權力來追求黃金玲。鄧武功曾經是個小老闆，現在卻是個伙計。他的嫉妒摻雜著階級的委屈，他覺得他為美人放棄了江山，但美人卻被另外一個有江山的人拐跑了。

他的自傳並不始於鄧武功，而始於鄧武功與黃金玲的相識；主軸則完全纏繞著他們兩人的關係。彷彿如果不說黃金玲，就沒辦法定義鄧武功。

這是一封太遲的情書，太早的遺書。鄧武功喃喃低語：我這麼愛她，我為她這樣，我為她那樣、又那樣；可是她卻這樣傷害我呀。他好像在一個恍神的狀態裡寫著，忘記自己已經把黃金玲殺死了。

鄧武功把心裡那一股濃烈的情感稱為「愛」。我卻看見那裡面有許許多多的階級委屈，像陳昇在「多情兄」裡唱的：「不甘願提起妳／做妳變心嫁別人／低路的男性真不幸喲／做妳去嫁別人／糟蹋咱的情／雄蓋憨是多情兄……」。「女人跑了」跟「男人低路」總是連在一起的。鄧武功似乎也如此，他把窩囊的感覺全部傾倒在黃金玲身上了。

失業了回家打太太，事業不順回家殺老婆——我們社會裡多的是這種找女人出氣的例子，卻沒聽說過女強人經商失敗要回家殺先生的。那些無法達成社會期待的女人，例如不孕或沒有生育男丁的女人，也很少殺老公出氣。男人可以把階級弱勢的氣出在女人身上，說明了他在性別上是優勢的。

但是，在那典型的父權思維裡，我亦辨認出幾件非比尋常的事。他們在台中港買的第一棟房子，登記在黃金玲名下。不久後，又舉家搬到黃金玲的娘家屏東縣九如鄉。這兩件事情，即使思想比較進步的中產階級男人也不容易辦到。尤其搬到妻子娘家，更是不平凡：鄧武功並不是落魄才去的，而是硬生生把台中的生意收掉了，去鄉下「從妻居」。

當然還有最纏綿的那句話：「這是我最後一次看著妳洗澡。」他們相識、結婚已經二十年了，一般來說，勞動階級夫妻並不時興玫瑰花巧克力的浪漫，但鄧武功竟然有這等興致看著黃金玲洗澡。

雖然混雜著階級劣勢與性別優勢，支配慾與佔有慾；但我感覺到，那裡面有愛。有多少？我不知道，我只是又想起我從前的文章。在我當年的女性主義視野裡，殺女人這一社會現象，反映了文化／心理上的恨女人情結。那個圖像裡，恨是純粹的，惡是純粹的，父權也是純粹的。

但鄧武功殺妻案讓現在的我看見，是的，那裡面有恨，但是並不純粹是恨，還摻著愛與偏執；是的，那裡面有惡，但還有創傷與痛苦；是的，那裡面有父權，但是，坐在牢房裡一字一字寫下情書／遺書的那個人，不僅僅是一個面目猙獰的沙文主義豬。他同時也是一頭受傷哀嚎的黑熊，後腿被獵人的獸夾咬住了——

於是，他咬了他能夠咬住的人。

鄧武功的自傳，是他對黃金玲的判決書。而殺她則是他親手執刑。因為從來不曾捉姦在床，所以鄧武功在自傳裡一一舉證論述：

——他勸阻，她竟然不聽，一定有鬼。

——工時長，工資少，她卻還要去，一定有鬼。

——大夜班，孤男寡女，一定有鬼。

——她每天買點心進去給工頭吃，一定有鬼。

——工頭的行蹤只有她知道，一定有鬼。

——手機不接，行蹤不明，一定有鬼。

——她半路扭傷了腳，竟然通知工頭來英雄救美，可見有鬼。

——她提離婚，這不是有鬼是什麼！

這些都是間接證據。頂多可以證明黃金玲與工頭互有好感，卻無法說明好感到什麼地步。就算真的有好了，也不過是妨害家庭，怎麼就罪至於死了呢？

許多犯罪都帶有「私刑」的成分在裡面，人們因為感覺到被傷害、不公平，所以自力救濟。但是當事人往往不是好法官，因為他們身涉其中，根本不會去了解另外一個面向的真實。鄧武功也是這樣，他的心證太寬，量刑太重。他期待別人讀了他的自傳就能明白與諒解他；其實明白了並不一定諒解。

鄧武功仍然感到義憤填膺。在自傳裡，他罵黃金玲的話太髒也太性別歧視了，我看到以後，兩天都無法把那個字眼趕出腦子。他還在恨。還在恨。即使他殺黃金玲的時候幾乎把她的氣管砍斷，但是他的憎恨比殺戮更大；三年多以後的現在，他，還在恨。

自傳的後面三分之一冗長而沈悶，因為鄧武功不斷懇求黃金玲回頭，不停的打電話求她、她回家時求她、跑到工廠去求她、跑到她娘家去求她……。這些行徑依我看是糾纏，但鄧武功卻覺得是他一再忍讓、再一次給她機會。如果他讀過歐陽修，他可能會學著說一句：「求其生而不可得！」

鄧武功還沈浸在他的感情創傷裡；悔悟尚未到來。

「雖說奪走他們二條人命，或許我的作法有可議之處，然一個人在忍受那麼長久以來壓力與打擊，更用盡所有心力意圖挽回，卻遭受更多的屈辱，這叫人情何以堪，又該再用何心態來面對呢？對於已發生而造成的事實，這一切並非我所願啊，更不願走上這樣的路呀，本願想能與她白頭偕老，共度平凡的一生，如今卻生離死別，這都是命呀。」（錯字一枚，原文照引）

國泰皮革廠之後的事情是這樣的：鄧武功開車回到雲林，去找哥哥交代後事。然後他去阿姨開的雜貨店裡抓了兩瓶高粱酒，又要跳上車離開。哥哥勸他去自首，不要想不開，他哄哥哥說：「我去自首就會判得比較輕，你不用擔心，我的事情我自己會處理。」但哥哥與阿姨都看見了，鄧武功車去的方向是往北，而不是往南。

他開到南投的山區停下來，灌了一瓶高粱。他在左手腕劃下一刀，醒過來的時候，覺得很失望，怎麼沒死？那回去讓法院速審速決趕快ㄅㄧㄤˋ掉好了。他懷著但求一死的心情，回到屏東自首。

警方掌握的物證很齊全。兇刀是一把長三十公分的生魚片刀，紙質刀套也丟在現場，刀上的血是黃金玲與陳欽全的血，刀套上是鄧武功的指紋。黑色手套扔在現場。全罩式安全帽扔在現場。黃金玲死在現場，氣管幾乎被切斷，得年三十八歲。陳欽全身受重傷逃到警衛室去求救，送醫不治。但陳欽全死前已經在警訊筆錄中指證：行兇的人是黃金玲甫離婚的前夫。

兩次更審以後，鄧武功死刑定讞了。看守所裡有教誨師來教內觀打坐，鄧武功也抄寫一些經文，但是想到大半輩子愛恨交織的黃金玲，還是「心很凝」，非常痛苦，「我對她那麼好，她怎麼這樣對我？」

兩個女兒一個兒子都不諒解他，警訊筆錄裡一致描述他是一個很糟糕的丈夫、父親。兒子說他曾經酒後毆打黃金玲，鄧武功氣死了，發誓真的沒有打太太，吵架吵最兇的一次是他要離開家出去透透氣，但黃金玲不給他鑰匙、不讓他走，他們拉扯之後，他把她按在地下，搶過鑰匙來，油門一催，就絕塵而去。可能那次兒子剛好撞見，便認為爸爸打媽媽。鄧武功越想越氣，太太不忠，兒女不孝，算了，就放棄吧！他叫哥哥姊姊傳話給小孩們，「攏麥來！」

但他悄悄的寫了一萬三千字的自傳，用有格稿紙與漿糊裝幀成一本手工書。他的字很工整，非常非常小，如果把稿紙的每一格細分為九小格，鄧武功的字就會落在正中央的那一小格裡。

「自從將她與我的生命在兩年多前劃上一個結局，這段時日以來我總是沈浸在回憶裡，憶及與她過往的種種，點點滴滴無不時時的啃噬著我漸已枯竭的心靈，莫非這就是命嗎？自與她相識到結婚直至死別，這廿年來我所付出、奉獻給她、給這個家庭的心力，豈是三言兩語所能道盡……」

他是殺了人沒錯，但是他有話要說。無法大聲的說，他只好用寫的，用怯生生的蠅頭小字，回答自己的內心提問：「我怎麼會走到今天這個地步？」

鄧武功犯案的屏東縣九如鄉，與現在繫獄的燕巢，只隔著高屏溪。他在右岸殺了人，如今關在左岸。他還是時時有放棄的念頭，等待哪一天牛頭馬面來引他渡河。尚未蓋棺，但他的人生已被論定，如同楊澤詩曰：「人生不值得活的。」

在左岸，他已經關了三年半，定讞一年多。鍾主任是他的一盞明燈，每天下午的聊天他都很期待，但是不曉得會不會有一天，他得帶他上刑場。

而右岸那裡，已經人事全非。兩位妻舅已先後離開，據說是欠債跑路；

兒子去當兵；兩個女兒久未聯絡，已不知道到哪裡去了。

我要回台北了，去見鄧武功，跟他告別。我不想讓他每天傻傻地等著，以為我還會再去。會面申請單遞進櫃臺又被遞出來，那人粗聲粗氣的說：「編號！」

他記得我。我前兩次也沒有填編號，他幫我查了，幫我填上。他不肯再幫我填，表示他知道我不是第一次來。哼，希罕。我一聲不吭填上，把申請單ㄉㄨ回去。

今天我打算問鄧武功一些尖銳的問題。

「警察那天找到刀，安全帽，還有手套。為什麼要戴手套？」

「因為我開車。開車會流手汗，所以我都戴手套。」

「你在自傳裡提到有一次跟你太太吵架，她打你而你還手。你打她最嚴重的一次是打成怎樣？」

「&%＊$。」他說了一個台語動詞我聽不懂。反正不是「打」，不是「搥」，不是「掙」，我說：「『推』她嗎？」鄧武功解釋，是兩人拉扯之間，他把她手上的鑰匙搶過來。

「那報紙上說，你們離婚是因為你自己有女朋友？」

「張小姐，」鄧武功聲音裡隱隱有不平的怒意，「妳想想看，如果我有女朋友的話，我離婚不就早就跑掉了？我還留在那裡幹什麼？」

當我又走在那個不見天日的、地底下的長廊，我想起《左傳》裡鄭莊公的故事。

鄭莊公是倒著出生的，腳先出來，所以他母親不喜歡他，以為不祥。母親喜歡小兒子，幫著小兒子造反，鄭莊公平定亂事以後，把媽媽關起來，發誓：「不及黃泉，無相見也。」

但他說了就後悔了。有一回他賜食物給大臣，大臣說要帶回家給媽媽吃。鄭莊公一時傷感，告訴他事情始末。大臣說：那簡單啊。挖一條地道深及地泉，你們就可以相見了。

鄭莊公照辦，進入時吟道：「大隧之中，其樂也融融。」他的母親也很高興，出來時吟道：「大隧之中，其樂也泄泄。」母子和好如初。

我在想，會不會有一天，鄧武功的小孩會走進這條長廊。

但我又想，誰來惦記著被殺害的黃金玲呢？

七份判決書、九十分鐘談話、一萬三千字的自傳，這就是我對鄧武功全部的認識了。我不能也不打算宣稱我了解他，他生命中還有那麼多的事情我都不知道。他寫給廢死聯盟的信末自稱「死刑犯人鄧武功」——在「死刑犯人」的頭銜以前，他可曾有過別的頭銜？小時候當過排長嗎？在台中港開小公司的時候，有人喊他「老闆」、「頭家」嗎？

他有哥哥姊姊，沒有聽他提起有弟弟妹妹，他可能是老么。他是哪一種老么呢，任性的，受寵的，還是羞怯的？在雲林的那個早晨，他哥哥明知此去可能是永別，但還是放他走了。他可能是一個哥哥姊姊都攔不住的老么。

回台北以後，我才看到鄧武功寫的請求特赦信。總統特赦，機會似乎渺茫，但廢死聯盟認為無論如何應當一試。所以聯盟代為草擬一封短信給總統，底下大片的空白，讓死刑犯自己訴說，他有什麼值得赦免之處。

鄧武功這樣寫：

「我想透徹了解愛是什麼？我愛我的子女，愛我的家庭，日夜奔波於高速公路，南北馳騁，為我僅有的家庭去營建，我盡心盡力付出著。有人道：『節婦失足，半生堅真無助，妓女從良，一生煙花無礙。』？生平無不良之前科，豈是惡性重大之徒？連雞都不忍宰殺之人，為何竟然殺了人？傷心嗎？後悔

嗎？——『在不知不覺中，淚已成行。』」（錯字一枚，原文照引）

我愣了一下，笑了。叫他講自己有何值得赦免之處，他居然講「我想透徹了解愛是什麼？」會面時我感覺到他的恨，他的傷與痛，呼求同情與理解。這裡我卻看見了他的困惑，雖然仍然沾滿了痛苦：「我想透徹了解愛是什麼？」

非常正確的困惑。鄧武功開始察覺、開始懷疑：也許我根本不懂愛，也許我完全搞錯了。我以為是愛，但說不定不是。

「我想透徹了解愛是什麼？」

「我想透徹了解愛是什麼？」

那個一直用「愛」來解釋自己罪行的男人，終於嚇出一身冷汗醒過來，說：糟糕，愛到底是什麼，我真的知道嗎？也就是說，一個庸俗的、父權的、香火鼎盛的「愛情」廟堂，終於被他的一個信徒，貼上了封條，打上了問號。

「我想透徹了解愛是什麼？」

我反覆玩味，有了悲意。

他自比為「節婦」，「半生堅貞」，因為他沒有前科。而他引的最後一句話，應當是多年前林淑容的歌〈我怎麼哭了〉：

我從來沒有想到過離別的滋味這樣淒涼
這一刻忽然間我感覺好像一隻迷途羔羊
不知道應該回頭 還是在這裡等候
在不知不覺中淚已成行
如果早知道是這樣 我不會答應你離開身旁
我說過我不會哭 我說過為你祝福
這時候我已經沒有主張
雖然我知道在離別的時候不免兒女情長
到今天才知道說一聲再見需要多麼堅強
我想要忍住眼淚 卻不能忍住悲傷
在不知不覺中淚已成行

誰來惦記著被殺害的黃金玲？

讓鄧武功記著吧。讓他的眼淚記住她的血。讓他用每一個日日夜夜去唱，無聲地；「如果早知道是這樣」。

七·陪死人——蘇建和

他十九歲入獄，幾年後被判死刑，雖然如此，他認為應該要有死刑。「我不應該被判死刑，是因為我真的沒有做。但是有些人真的很壞，他們就應該被判死刑。」不只蘇建和，監獄裡大部分的囚犯都是支持死刑的——除了那些自己被判死刑的人以外。一個重要的因素是，因為有死刑，他們的刑期才不會往上調。萬一死刑取消了，無期徒刑的上限就會被調高。以前坐十五年就可以出來，是因為有死刑在上面頂著；如果死刑沒有了，搞不好蹲三十年都還出不來。

一般來說，死刑定讞以後，有七到十天的「等死期」，獄方會特地挑一個人去「陪死」，這個人就是蘇建和。因為他的案子纏訟多年，在獄中已經關成老鳥，而他的個性又開朗健談，所以成為陪死的最佳人選。獄中的規矩是，死刑犯要給陪死的人紅包，表示感謝。

陪過許多許多次以後，蘇建和改變了，現在他堅決反對死刑。「有好多人是冤枉的。有的我看了會說，哇，連你這麼無辜都會被抓去槍斃，我看我也沒救了。」

「那你都陪他們幹嘛？」

「還能幹嘛。在獄中還能幹嘛。講一點心裡的話啊。」

「像什麼？」

「比如說他有多冤枉啊。」

「可是總也有那種真的有犯罪的吧？」

「有哇。但是他們都有人性欸。他們都知道說應該好好孝順父母，或者後悔沒有疼老婆，沒有陪小孩；有作案的，也知道說自己做錯了。」蘇建和露出不忍的神色。當死亡近在咫尺的時候，蘇建和看見的是，「彼亦人子」。

九〇年代初期的台灣，一年打死幾十個人。蘇建和從一九九一年坐牢坐到二〇〇三年，算算總共陪過五十三個人。他們現在變成五十三個褪色的紅包，是蘇建和牢獄生涯的珍藏。

八．免死人——黃上佑

在另外那個鄧武功的檔案裡，有個人叫做黃上佑。他是個狠角色。他販毒，有一天手下的小弟被買毒的人搶了，他衝冠一怒，率眾去尋仇。他們把仇家捉上車後砍了幾刀，把他丟在野地裡揚長而去。

那人後來死了，黃上佑被通緝逃亡，幸得朋友接濟。這位「朋友」是典型黑白通吃的地方民意代表，像燕太子丹養「食客」似的，黃上佑得其庇蔭，度過一段安寧時光。然後任務來了，「燕太子丹」有仇要報，黃上佑義不容辭，「君子死知己，提劍出燕京」。他們有一整組人馬執行狙殺計畫：一組人監視仇家，看他什麼時候出門；摩托車機動待命，一路尾隨；燈號轉紅，仇家的轎車停下，摩托車切到駕駛座旁問他：「你是某某某嗎？」光天化日的早晨八點，槍聲連八響，黃上佑在機車後座，打響了他的職業殺手生涯。

近距離開槍的好處是容易瞄準，壞處是你會看見被害人驚恐的眼神。但法醫的驗屍報告顯示，被害人心臟、肝臟、肺臟破裂，體內大量出血。黃上佑顯然不受影響，彈無虛發。

黃上佑落網的時候，身上背負了一籮筐的罪名，包括持有毒品、持有槍械、傷害致死、殺人、恐嚇取財。一審判死刑。法官在判決書中說明：做為現職法官，必須遵行現行法令，無權擅加更動。黃上佑與被害人素不相識，下手殺害卻毫不手軟，這等職業殺手行徑，勢必使他在「道上」聲名大噪。如果不判死刑而判無期徒刑，依現行假釋實務，黃上佑到五十出頭便能出獄。「依照台灣社會目前的情況，這個人屆時將會成為各方爭相延攬的大哥，也將成為國民的重大威脅。而冷酷殺手的後半輩子如果是這樣，那麼，將會有不少黑道人物願意當殺手。那時，又有誰要碰上呢？這也是必須考量的。因此，法官不能只有浪漫的人權想法，而必須就這些現實層面，嚴肅地思考適當的刑罰。」

最後黃上佑獲判無期徒刑，三審定讞。

誰該死而誰不該死？我不知道應該怎麼樣理解，沒有前科的這個鄧武功必須死，而在道上越陷越深、犯罪情節不斷加重的黃上佑，反而可以活。或許真的是蘇建和說的：「監所裡有一句笑話，說會被冤枉、被判死刑的人都是初犯，比較笨。或許這是真的啊！常業犯，他都比較知道要怎麼躲過重罪。」

誰該死而誰不該死？前金山高中教師曾思儒被判死刑定讞，但是九年前殺了同窗好友的清大研究生洪曉慧，快要可以假釋出獄了。洪曉慧得到司法系統的寬大對待，在獄中表現良好，信了教，想要贖罪，出獄後打算慢慢清償被害人家屬所要求的兩千多萬損害賠償。洪曉慧與曾思儒都是讀書人，都犯了殺人罪，都沒有前科，都沒有預謀；但是洪曉慧有機會改過，有機會彌補，而曾思儒沒有。洪曉慧被判十八年有期徒刑，如今已服刑將近一半，今年或明年，她就可以出獄了[7]。曾思儒被判死刑，如果他捱過今年，也不知道有沒有明年。

九．殺人執照——法警訪談錄

「打死人沒罪的就只有我們而已！不用寫報告，什麼都不用，警察打死人要寫報告，打死人不用寫報告的，只有我們而已！」

二〇〇三年，南華大學生死學研究所研究生謝婷娟，完成了一份難得的碩士論文[8]。她訪談了八位執行槍決任務的法警，分析他們對自己的工作有什麼感受，如何合理化，以及對生死的看法。

在這份論文裡，謝婷娟回顧了國外的相關文獻，指出整個執刑過程，如何費盡心思去減輕行刑者的罪疚感。執刑的人會迴避死刑犯的眼神，不與他有視線接觸，最好根本不要讓死刑犯看見他的臉；執刑者一律匿名，有些州登報招募一般市民來按電椅的開關，他們戴帽、蒙面而來，事成之後領取一百五十美

7 洪曉慧已於 2008 年出獄。

8 〈法警執刑槍決經驗之告白——以敘說分析為取向〉，2003 年 12 月 31 日。

元現金報酬，船過水無痕，沒有人知道他們的真實身分。更重要的是創造一種分擔責任的機制，例如為電椅或毒針注射器增設兩個、三個開關，或者聘請一名以上的射手，但有的子彈是空包彈。因此當死刑犯嚥下最後一口氣，每個行刑者都可以喃喃對自己低語：「誰知道呢，說不定不是我。」

相較之下，台灣的死刑執行程序對於負責槍決的法警，幾乎可以說是任憑自生自滅，沒有任何措施來幫助他們減輕心理壓力。沒有隔離行刑者與死刑犯，沒有分擔責任的任何制度設計，就是硬碰硬，一個法警打死一個犯人。偶有從基層幹起的法警日後當了主管，還記得自己昔日的菜鳥心情，則可能體貼地自己打第一槍、讓新手補第二槍，或者在新手執刑時站得比較靠近，給他一點心理上的支持。

以前槍決就直接開槍，但若第一槍沒有命中要害，場面就會失控。七〇年代有幾個例子，犯人在槍擊的劇痛中滿地亂爬，雙手緊緊地揪著刑場的雜草，法警追在他身後補上一槍又一槍⋯⋯。自一九八一年開始，一律先注射麻醉劑。藥效發作後，就讓死刑犯趴臥在被褥或草蓆上，法醫在死刑犯的囚衣後背畫出心臟的位置，法警站在約一公尺外的地方開槍。近距離，而且不必看著他的眼睛。通常槍擊處會噴出小血柱，法警就知道OK了，表示打中心臟；如果冒出血泡泡那就不對了，表示打到的是肺臟，可能還得再補一槍。

刑場的禁忌是不能叫名字。什麼人不小心喊出名字，大家都白眼珠伺候，心裡一整天不舒服。受訪的每一位法警幾乎都以某種方式將自己工具化，「我們上頭有人扛著，經過檢察官、法官判出來，咱職務上要這麼做，職責所在啊。」「基本上是法官判他死刑，所以你覺得誰有罪惡感？應該是法官有罪惡感。一個實質的判決比執刑來得更嚴重，原因是判決，不是過程，執刑只是一個工具。要報復的話……以美國為例，他會報復那個麻醉劑、抱怨那個電椅嗎？」

打死人的心情如何？一位曾經執行三十多名死刑犯的法警說：「恐懼。」執行任務的前一晚，即使不說，家人也感覺得出他異常沈重。到了現場，刑場肅殺的氣氛，同僚與相關人士沈默地圍觀，「死刑犯趴在你的腳下，全場只有你孤單一人要開槍把他結束。」他形容這是一場戲，他與死刑犯是唯二的演員，「很多人在看，刑場外面整個擠得滿滿的，就看你一個人在表演。」子彈一擊發，他的壓力就紓解了，法醫上來檢查，他等著法醫一句話：「好嘍，瞳孔放大啦，回去了。」責任已了，和所有參與行刑的人一樣，他們徹底的洗個澡，換過衣服，仔細滌清污穢與煞氣，疲憊地回家。

這位老資格的法警已經轉任警界其他職務，但他的傳奇還在四處流傳，那就是十發子彈打死一個人的故事。

說到這回事，大家都的開場白都是：「很玄。」那天一切如常。要打麻藥時，死刑犯說：「這樣我會找不到回家的路耶。」法警還是哄著他打了，怕犯人太清醒，場面不好控制。沒想到一槍打下去，原本趴著的身軀像貓一般拱了起來，法警上前補第二槍、第三槍、第四槍，死刑犯愈挫愈勇，竟然坐起來回身直直看著他。在場有人說：「可能是器官異位，要再打喔。」死刑犯一聽便用手摀住胸前，還有人宣稱聽見犯人說：「不要再打我了啦，很痛ㄋㄟ。」

「他真的坐起來，眼睛直直的一直看著我，那時我是不會怕，恐懼而已，要把這個人的生命趕快結束掉。」死刑犯坐了一會兒又趴下去，法警上前補兩槍，還沒死，他改打稍偏右側的部位，補兩槍，還沒死，再補兩槍。刑場沙塵飛揚，法警臉色發青，最後那人硬是又拖了半個小時才死。

「就是活生生的生命在我的面前，我就把他……，他可能沒那個力氣講出來，那時候也沒有喊，體內還存有麻藥，也沒什麼痛，沒有任何聲音，都沒有，只有呼吸聲音而已。那種情況喔，如果要給別人接手，別人真的會怕。當時在刑場什麼意念都沒有，就是一槍、一槍這樣子，要趕快給他死。這時我已當了主管不能退縮，不能讓底下的人以後不敢執刑，還是撐著去做。」

台灣死刑史上最高紀錄是十一槍斃命，再來就是十槍的這一件。對這位「十槍紀錄保持人」來說，往事是沈重的回憶，他蠻慶幸離開了，但是他沒忘記。在訪談中，他沈吟了一會兒，尋找著適當的字眼來形容，然後說：「就是有那個陰影。陰影。」「執刑槍決的影子，永遠的背著、跟隨你，只要你有一天是清醒的，都會隨著你，就是這樣。」「現在我沒做這工作，沒有恐懼的負擔，我是有這個影子而已。但是做過的痕跡沒辦法把它抹平。」

我不由得想起社會心理學家米爾格倫（Stanley Milgram）的幾項著名實驗[9]。那是一九六一年，納粹戰犯阿道夫・愛希曼被抓回耶路撒冷，隨後被判處死刑。米爾格倫想要問，「為什麼？」納粹、集中營、大屠殺、戰爭，到底是怎麼一回事？就算希特勒是瘋子，但是我們怎麼解釋那麼多的納粹黨徒追隨他？

米爾格倫告訴受試者，這是一個體罰的測試。他發給受試者一份標準答案，要他當「老師」，給坐在隔壁房間裡的學生考試。如果學生答錯了，「老師」就要按下按鈕電擊他。實驗開始了，學生被電得哇哇叫，但「老師」

9 見《六個人的小世界》，Duncan J. Watts 著，大塊出版。

們被要求調高電擊強度到足以致人於死的四百五十伏特。

「老師」們會不會按鈕呢？答案是會。很多受試者會表示猶豫，尤其是隔壁房間傳出學生尖叫、哀嚎、敲打牆壁的時候；但是受到實驗室工作人員的安慰、鼓勵或命令以後，大部分人又乖乖地照做了。在某些受試者身上，米爾格倫加了一個變數，就是「老師」不必自己動手，只需下令叫另外一個「助理」按下按鈕。

當然，在實驗裡學生是假的，電擊是假的，一切只是為了了解，一個人會服從權威到什麼地步。而得到的結果簡直令人為之喪膽：如果不必親自動手、有科層組織來協助分攤責任的話，超過百分之六十的人會遵照指示，用四百五十伏特電擊一個只不過是答錯了答案的人。

這個實驗後來被認為是違反研究倫理，因為它對於受試者可能造成情緒創傷。這是人性的嚴酷試煉，而受試者參與實驗時，並沒有心理準備要如此赤裸地面對自己的懦弱。所以這一類的實驗後來都不可能再進行了。

連「假的」電擊實驗，都因為違反研究倫理而不再採用了，那麼「真的」槍決，對於開槍的法警會造成什麼影響呢？他們去求職的時候都不知道要執行槍決任務，等到知道了，則選擇盡量不告訴別人，尤其瞞著父母親。

對於執刑勤務，他們的態度大抵是少說、少做、少想。這可以說明為什麼相關文獻這麼少，為什麼要訪問法警這麼難。殺人執照不是一枚威風凜凜的警徽，而是一個拖在背後的陰影；那射擊的強大後座力，全由法警個人承擔。

十・壞郵差

「太陽與死亡，都不能盯著看。」

不同的是，太陽以其燦爛刺痛我們的眼睛，而死亡以其陰鬱無情，刺痛我們的心。人生自古誰無死，本來沒什麼好大驚小怪；但是，一個專門置人於死地的制度，畢竟不能叫人無動於衷。

支持著這個制度的，是群眾素樸的正義感。像純稚的孩子，我們一片熱切地寫信給聖誕老人，說我們一整年都很乖，我們想要一個公平正義的社會，當作聖誕禮物。願善有善報，惡有惡報，恰如其份。我們把我們誠摯的心願託付給死刑，但是我們不知道他是個壞郵差。他嗤嗤冷笑著，轉身就把我們的信通通丟掉了。我們的禱辭暴屍荒野，而我們還痴痴地伸長了耳朵，以為將聽見馴鹿的鈴聲與聖誕的頌歌。

我只願意為妳朗讀

因為一個老朋友的邀請，我決定以《為愛朗讀》作為演講的主題。這個故事裡有德國、納粹、戰犯，可以用國族的軸線分析；有女人、男人、戀愛、性愛，可以用性別的軸線分析；有車掌、法律系研究生、文盲、法律盲，可以用階級的軸線分析；也有審判、被告、法官、監獄，可以一窺在以上幾個軸線裡，司法系統扮演著什麼樣的角色。

從最顯而易見的層面上來說，《為愛朗讀》是一個三階段的愛情故事。第一個階段，他是一個十五歲的少年，她是一個三十好幾的中年女子。他生了病，在路邊狂吐，中年女子恰好路過，照顧他、幫他清理以後，發現這個乳臭未乾的小子嗚咽哭泣，於是安慰了他兩句。這兩個人很快展開了跨世代戀情，互相把對方的存在當作一個秘密，在公共場合，他們佯做不識，或者假扮母子。

少年形容這個女子的時候，不止一次的說她強壯。這段戀情從一開始就是少年柔弱如菟絲花，而女子結實得像一匹馬；小說寫到她從二樓往樓下倒煤灰，大聲與鄰居調笑，粗野不文。可以想見，在他們兩人的關係裡，中年女子才是主導者，兩人關係的開端始於她的決定，這個階段的結束，也是她片面的斷絕聯絡，當少年發現的時候，已經人去樓空。

中年女子的主導性展現在幾件事裡。他們上過幾次床以後，少年純情地問：「妳叫什麼名字？」她覺得這個問題很好笑，在少年的堅持之下，她回答：「我叫韓娜。」她還是笑個不停，頗不當一回事的，回問少年叫什麼名字，好像只是行禮如儀，還將讀高中的少年誤為大學生。韓娜想都沒想過要問名字，但是少年麥克堅持要問，因為麥克在乎。有了名字才有獨特性，韓娜卻覺得匿名也無所謂。還有一次兩人爭執，麥克道歉，韓娜連這也不領情，說：「你沒有重要到可以惹我生氣！」

只有一個時刻，韓娜的主導權鬆動了。那是他們一起出遊，早晨麥克出去買早餐，留了紙條說馬上回來。他沒有料到，韓娜竟然暴怒，克制不住地用洋裝的細皮帶抽了他一鞭，又在見到麥克流血之後心疼痛哭。這個時候，讀者還不知道這是怎麼一回事，麥克也不知道。

韓娜的秘密要到第二階段才會揭曉。麥克念了法律研究所，在德國當時嚴厲批判納粹戰犯的時代浪潮裡，到法庭旁聽審判。那就是他們的重逢。韓娜在二次大戰時期曾經在集中營擔任警衛，看守囚犯防止她們逃走。在行軍途中有一夜，警衛把女囚關在一個教堂裡，炸彈掉在教堂起火了，警衛們卻沒有人願意開門，女囚都燒死了，只有一對母女倖存，寫書揭發這件慘事。韓娜與其他警衛為此受審。

在法庭上，韓娜是個搞不清楚狀況的被告，又很死心眼。她不懂得做出無辜樣，幾次反問法官，「可是如果是你呢，你會怎麼做？」韓娜不懂得放低姿態請求原諒，其他幾名同時受審的被告很快警覺到要與韓娜切割，後來乾脆集體誣陷韓娜是主其事者，教堂著火事件的報告書也是韓娜寫的。韓娜否認，正要爭辯時，庭上裁示要取韓娜的筆跡來比對。她猶豫了一會兒，忽然說：「不用查了。是我寫的。」

直到這時，旁聽席上的麥克與故事之外的讀者，才猜到韓娜一直細心維護的秘密：她不識字。所以在集中營裡她老是挑選病弱的女孩夜晚到她房裡為她唸書；所以她堅持每一次做愛以前，麥克要先為她唸書，不然她就不肯做；所以那個麥克外出的早晨，韓娜驚慌失措，因為她看不懂字條上說「我馬上回來」。她的不告而別，也是因為即將從車掌被拔擢為司機，那樣一來她的文盲身分就會被識破了，韓娜不惜辭職，連夜離開。麥克確實沒有重要到可以傷害韓娜，她人生的重大抉擇不是為了麥克，而是為了她的尊嚴。很悲哀地，對於不得意的人來說，隱瞞就是維持尊嚴的方法；只有那些春風得意的人可以毫不費力的報告近況。

麥克陷入道德兩難：戳破韓娜的偽裝，以保護她？還是沈默幫著韓娜隱藏真相，成全她？

麥克得到的建議是去跟當事人談，建議她說出真相拯救她自己。但是麥克不能。從十五歲的慘綠少年到前途光明的法研所青年，他仍然是兩人之中脆弱慚愧的那一個，他沒有勇氣去跟韓娜相認。韓娜被重判無期徒刑。

在第二階段，兩人的重逢是偶然，而他們之間的權力關係已經逆轉，韓娜是待罪之身，坐在被告席，麥克是來觀察與研究法庭活動的，坐在旁聽席。兩人沒有互動，只有一次韓娜轉過身看著麥克。其餘的時候，包括最後的宣判，韓娜用「不看」來表示她的意志。然而她的秘密已經被麥克發現，而且麥克也沒有來找她，這「不看」毋寧是她最後的一點點可憐的、賭氣式的自主權。你不理我，那我也不要理你。

兩人關係會有第三階段，是麥克的決定。他開始錄錄音帶寄給韓娜，為這個不識字卻求知若渴的女囚，鑿一個小小的洞，透一點微弱的知識之光。至少這是他能夠做的。幾年以後，韓娜竟然回信。她以稚拙的字跡艱難的寫一、兩句精簡的話，小說裡形容她的筆跡「有嚴謹之美」。韓娜靠著麥克的錄音帶與獄中的圖書館，學會了讀和寫。但是麥克決定維持他的沈默：每次錄錄音帶時，他只唸出書名、作者，然後是書的內文；除此之外，他什麼也不說。

小說原名「我願意為妳朗讀」，後來跟隨電影改名為《為愛朗讀》，聽起來多麼深情，但實情是「我只願意為妳朗讀」；其他的，我什麼都不願意。我不願意多跟妳講兩句話，不願意問候，不願意訴說，也不願意寫下隻字片語。我只願意為妳朗讀。其他的，妳千萬不要問我，我在不作為之中，已經拒絕了妳。

這種古怪疏遠的互動方式持續了許多年，直到典獄長打電話給麥克，告訴他韓娜要假釋出獄了，問他是否願意來接她、安排她出獄後的生活和工作。他是她唯一的聯絡對象。麥克帶著贖罪一般的心情同意了，並且在她出獄前一週先和她見一面。當然韓娜已經是個老婦人了，而麥克是一名法律學者。這些年來麥克在每一階段都有發展與成長，而韓娜卻沒有，麥克從高中生變成專業者，韓娜卻只是從三十幾歲變成六十幾歲，社會位置則每下愈況。兩人的階級差異在關係的初始並不清楚，但是歲月如顯影劑一般，一點一滴地顯示他們兩人如何被階級的鴻溝劃開來。眼神交接的剎那，權力的落差更為清楚：她眼裡有重逢的驚喜，但是他眼裡只有道義的距離。她看懂了，喜悅的光芒黯淡下去，化作一聲疲憊禮貌的問好。

當麥克去接韓娜出獄的時候，得知韓娜上吊自殺了。牢房裡的物品都在原處沒有打包，她本來就沒打算要出獄。房裡有許多集中營倖存者的作品，例如普利摩・李維，典獄長說韓娜自從學會讀書以後，就開始找與集中營相關的書來讀。她的最後遺言僅簡短交代將存款捐給那位逃過教堂大火的倖存者，對於麥克則是，「告訴他我問他好。」

本來這個結局頗令我感到遺憾。韓娜一定得死嗎？有此一問，並不是因為我偏好光明快樂的結局。韓娜以毅力克服了一生中最大的羞恥——文盲，為什麼知識沒有帶給她力量？她老去了，青春無法逆轉，當年的小情人對她不再有純情與熱望，可是這事情為什麼這麼重要，重要到令韓娜不再有活下去的理由？當韓娜還是一個不識字的車掌，她多麼生猛地活著，大碗喝酒、大塊吃肉，像梁山伯好漢一般，擺出與命運一搏的架勢。即使在被告席上，小說也仔細地寫著韓娜的剛強不肯低頭。為什麼到了結尾，小說家忽然賜予韓娜一死？他想不出來怎麼寫韓娜出獄後的生活，或者他不知道該如何讓麥克與韓娜繼續互動嗎？

我在演講中提出這個看法。與我一同出席的小說家胡淑雯卻提出不同的解釋，她認為韓娜不是因為愛情落空而死。在審判中，韓娜雖然有時坦白地承認，但她承認的態度僅僅是「對，我有做這件事」，我們聽不出她有後悔或羞愧。小說裡雖沒有直接交代，但是牢房裡的那些書，已經說明了韓娜接近知識以後，才真正明白了她所犯的罪。將積蓄捐出也是企圖贖罪的舉動：她獻出她僅有的。雖然她可能確實希望在死前能夠從麥克身上看見昔日的愛，而她失望了。但是她並不是被這件事壓垮的。她的自殺很可能是悔罪的一環，也很可能是她重新掌握自己生命的一舉。

我一聽大表贊同。文學作品往往有多重詮釋方式，端看評論者把重點放在什麼地方。像玩七巧板一樣，同樣的情節可以用來拼出不同的生命圖像。電影版的《為愛朗讀》比較傾向「為愛而死」的詮釋，但是小說版的《為愛朗讀》其實比較傾向「悔罪而死」。如果韓娜的死可以被理解為悔罪的一環，那整個《為愛朗讀》的故事就不只是一個愛情故事，而可以反襯出司法審判的有限性。

當年她倔強地擔下她所沒有犯的罪，被當作首謀來嚴懲，而她沒有求饒。在獄中才是她心智最自由的日子，她用簡陋的竹筏在知識的海洋裡漂流，當她在閱讀那些關於集中營的書的時候，她想必在內心進行對自己的審判，相較之下，當年的那個法庭其實根本沒有辦法審判韓娜，那些煞有介事的開庭、蒐證、詰問，至此都有了荒謬感，連韓娜不識字這個基本的事實都問不出來。法庭有權力把韓娜關進牢房，但韓娜在獄中反而尋得自由。真正能夠審判文盲韓娜的，是識了字讀了書的韓娜。判決書裡記載的那個罪，韓娜沒有犯。而韓娜真正犯的罪，法庭審不出來。

而麥克呢？在那場審判裡，他只是去旁聽。發現韓娜不識字以後，他無法忍受正義未得伸張，決定去見審案的法官。法官以法律前輩的身分關心後進的求學、生活、抱負，兩人聊一聊，會談就結束了！麥克凝聚了一股正氣要揭發真相，結果他屁也沒放一個就夾著尾巴出來了！在整本小說裡，真正受審的是麥克。小說是他的內心審判，他一一羅列他的罪，他的怯懦、他的背叛、他的冷淡。他犯的罪，法庭審不出來。

《為愛朗讀》確實不只是一個愛情故事，也不只是一個法庭故事。還有一重微妙的潛台詞是關於國族的。德國在二次大戰中慘敗，在同盟國的仁慈與監管之下獲得重建的機會。悔罪，告解，是德國隨處可見的主題。我在德國隨意參觀了一個教堂，塔頂展出二戰時期被盟軍轟炸完的照片，對照今日實景；解說牌上的意思，說白了就是：「您看看您看看，我們在二戰時被炸得多慘啊！不過，我們也知道是我們自己不好，誰叫我們要先動手。反正，戰爭很殘酷啦。我們學到教訓了。大家以後都不要再打仗了啦。」另一次，我看了一個礦坑改建的博物館，雖然與二戰沒有直接關係，但館內卻規劃了一個區域，指出納粹曾經從烏克蘭、奧地利等地拉伕，強迫那些人到這個礦坑來做工。這個博物館展出這些人今昔對比的照片，也痛切反省戰爭的不義。

日本也是二次世界大戰的發起國與戰敗國，但日本至今仍勤於抱怨原子彈的殘酷，而怯於提及他們自己幹的好事。良心的聲音偶有所聞，但不是日本的多數意見。德國卻不是如此，連看似不相干的地方，也銘刻著他們的集體告解。《為愛朗讀》裡的那場審判，就是清算納粹戰犯風潮中的一個案件。

因此，法律人麥克對戰犯韓娜的看法，不只是一個男人對舊情人的複雜情結，更是麥克這一代對於上一代的總清算。麥克這一代是戰後才出生的，他們與納粹沒有瓜葛，天生清白。他們的上一代則人人可疑，若不是納粹，就是納粹的走狗，不然就是默許、促成了納粹掌權，好像希特勒化整為零地攀附在每個人身上，人人有罪。法律人麥克恰好與戰犯韓娜有舊情，那促使麥克想得比他的同學們更深一層：除了譴責以外，他也想要理解。

很困難。譴責就沒辦法理解，理解就沒辦法譴責，麥克直到小說結束，也沒有想出一個更好的辦法來統合這兩件互相衝突的任務，結果就是那樣尷尬彆扭的面對韓娜，心裡偷偷地譴責她，不敢與她太近，又偷偷地理解她，不想離她太遠。或許這個懺情故事，是想要在德國的悔罪風潮裡發出一個不同的聲音，說出一個戰犯的頑強與悲涼，在強勁的譴責聲中，提供一點點理解。

他至少願意為她朗讀。因為，他一直都知道，他有他的罪。

II 行動

二〇一〇年發生了很多事，

第二部分的文章，

就寫於這個巨變之中：在執行壓力高張的時刻、

在名嘴喊殺的時刻、在槍聲響起的時刻、

在釋憲不受理的時刻。

不再有舞蹈一般的舒緩了，

倒常見與時間賽跑的急切……

二〇一〇年
死刑議題以前所未有的力道
爆發開來……

2010

2/1 二月一日，《自由時報》誤報法務部將在民國一〇〇年十一月廢除死刑。文中提到，台灣已經四年沒有執行死刑。

2/23 二月二十三日，國民黨立委吳育昇質詢法務部長王清峰，要求法務部執行死刑。

3/9 三月九日，法務部長王清峰決定正面回應社會的關注，於三月九日深夜發表〈理性與寬恕〉一文，表達其立場為「停止執行死刑」。

3/10 三月十日，王清峰接受電視採訪時說，任內不會執行死刑，並且願意為死刑犯下地獄。

3/11 三月十一日，白冰冰、陸晉德及多位立委舉行記者會，對於王清峰及其廢死政策表達嚴厲的批評；當日深夜，王清峰即辭職。情勢很清楚：新任法務部長必然以「願意執行死刑」為第一要件……

3/17

被害人保護與死刑爭議

死刑雖由來已久，但關於死刑的討論，從未如此激情、激昂、激動。先有立委激情質詢，後有媒體的激昂報導，加上被害人家屬的激動控訴，終於導致法務部長去職。如今遺缺高懸，可以代登「事求人」廣告一則：「中華民國行政院誠徵法務部長一名。任用資格：不願意簽署死刑令者免。」

這一波爭論原先還有法律與公共意涵。憲法保障人民的生命權，只在某些情況裡可以加以限制，但是死刑是「剝奪」生命權，是否抵觸國家根本大法？這是死刑的憲法爭議。司法系統三審定讞的案子，程序上卻要求行政系統的法務部長必須閱卷、確定沒有疑義以後簽字執行，是否在制度設計上刻意以行政權制衡司法權，以求慎重？這是死刑的政治體制爭議。一個有疑義的法律該不該執行？惡法亦法乎？這是死刑的哲學爭議。如果一個死刑犯可望改判無期徒刑，可不可以趁著還沒改判的時候，趕快執行死刑？這是死刑的倫理爭議。

這些爭議或涉及法政專業，或涉及價值選擇，都是需要深入辯論的。然而這一波死刑爭議很快就從這個高度上直線墜落，一夜之間，全部的事情都個人化了：被害人家屬是走不出「個人的」傷痛所以才跑出來反對廢除死刑；王清峰是基於「個人的」理念所以才主張廢除死刑。死刑犯呢，更不用說，是惡性重大的個人，犯下了不可饒恕的罪。

只有回到一個公共議題的高度，才能夠讓社會不同的價值觀進行對話，也讓死刑存廢的討論本身，成為一場全民的法治教育。個人化的論爭可以休矣；重要的是從社會結構與制度的層面來改變。目前為止，我們的社會對於被害人家屬唯一的支持，就是把死刑當作禮物送給他，然後當被害人家屬言論過激時，耐心地加以包容，不予批評。但這對於被害者及家屬的實質權益並無助益。

被害人保護包括經濟扶助、精神創傷的撫慰與面對訴訟程序所需的扶助。就國內現行法律而言，只有依據犯罪被害人保護法給付的賠償金，但有排除條款，而且是一次性給付而非年金制，對於失去工作能力的受害人幫助不大。精神創傷的撫慰僅有犯罪被害人保護協會的志工協助轉介，然專業性不足。訴訟上更缺乏必要的保護機制，導致被害人必須承受與加害人同時出庭的壓力，或者一次又一次在庭訊中反覆經歷創傷與恐懼。我們還有很長的路要走。

被害人保護是一個正義社會必須具備的制度，但在一個有死刑的社會裡，社會大眾很少想到要照顧被害人及其家屬。用死刑去照顧他們就好了。總是在死刑存廢的討論中，被害人家屬才被推到第一線當作支持死刑的理由，而他們所爭取的，仍然不是上述的實質扶助。其實被害人保護與廢除死刑並不相斥；廢除死刑反而常常是被害人保護制度能夠建立的契機。

（本文原刊於《中國時報》，2010年3月17日）

3/19

三月十九日，曾勇夫接任法務部長。高層原本屬意司法院秘書長謝文定來接任，但謝文定表示他對死刑的立場「跟王清峰一樣」，於是「願意執行死刑」的曾勇夫雀屏中選。

3/22

三月二十二日，曾勇夫表示，死刑犯中「人神共憤」的，應該先槍決。

3/27

社會大眾對於犯罪被害人及其家屬的同情，仍然強勁地展現，並且化為「儘快執行死刑」的呼聲。

3/29

三月二十九日，廢死聯盟為四十四名死刑犯提出釋憲聲請，認為刑事訴訟法第 289、388、389 條違憲。

3/31

無罪推定原則不能讓步

回想起來，二〇〇三年真是司法改革大放異彩的一年。一月，纏訟多年的蘇建和案「大逆轉」，三人獲判無罪；二月，新的刑事訴訟法公布，九月正式上路，「無罪推定」的精神正式寫入法條，相關措施包括：被告做刑求抗辯時，檢察官負舉證責任；重案與弱勢被告一律強制辯護；落實直接審理原則等等。

「無罪推定」說起來容易，實踐起來卻破綻百出。例如，蘇建和案判無罪，就是因為法官認為既有證據無法證明三人涉案；然而許多媒體卻如此詮釋：「這不代表他們沒有犯罪，只是證據無法證明而已。」這就好像說，某甲去逛書店，離開的時候警鈴誤響。某甲打開背包讓店員檢查，以證明自己的清白，果然背包裡並沒有任何可疑物品。結果店員說：「好吧，那你可以走了；可是，那不表示你沒有偷我們的書喔！只是證據無法證明罷了。」

無罪推定原則本來是強調「證明有罪之前，所有人都是無辜的」。重點是把人視為無辜的。但是橘逾淮而為枳，這個觀念到了我們這裡卻餿掉了，變成「被判無罪以後，還是不表示他沒犯罪」，這是把人視為準罪犯了。無罪推定原則「大逆轉」，變成不折不扣的有罪推定。

在這一波輿論裡，有罪推定的思維更是隨處可見。以陸正案為例，案件還在審理中，被告邱和順等人已經被羈押二十二年。當庭勘驗偵訊錄音帶的時候，可以明確聽到邱和順不時慘叫，自白顯然不是出於自由意志；當年辦案的檢警人員也有多名已經遭到彈劾懲處、判刑確定。然而不少人因為對被害者家屬的哀痛感同身受，就在「無罪推定」的原則上讓步，也一併喊著應速審速結、趕快將邱和順等人定讞槍決了。其實被害者家屬痛失親人，心情上一定偏向有罪推定，這是人之常情，換了任何人，可能都免不了如此。如果法庭因為同情被害人家屬，就「將心比心」的「有罪推定」一番，結果很可能是冤判與錯殺。社會大眾對被害人家屬的支持與同情，應該指向監督政府落實被害人保護制度，而千萬不能犧牲審判品質。無罪推定，就是不能犧牲的審判原則之一。

與二〇〇三年相較，二〇一〇年實在無所進展，除了無罪推定似乎走回頭路以外，強制辯護仍然有一個很大的漏洞。強制辯護規定於刑事訴訟法第 31 條，國家保障被告的防禦權，因為法律是一個被告不懂的遊戲，所以要有專業的辯護人來確保被告的權益。但是刑事訴訟法第 388 條卻大開後門，容許國家於第三審時逃躲這個責任，侵害了被告的防禦權。尤其第三審是法律審，是非常專業與細節的，被告如果沒有辯護人，就等於置身於一個他完全無法理解的遊戲裡，結果制度上的三審，在實質上縮水變成剩下二審。這個漏洞能不能補起來，現在球已經踢到大法官手上，二〇一〇年司法改革將成正成長或負成長，就看大法官了。

（本文原刊於《中國時報》，2010 年 3 月 31 日）

4/6

四月六日，死刑制度的缺失，始終沒有引起大眾的注意。馬英九總統表示，死刑的第三審應採共識決，並言詞辯論。這些，現行制度並沒有做到；四十四個定讞個案，也不是都那麼完美無缺。

4/7

四月七日，一名女子涉嫌謀殺母親、丈夫與婆婆以便詐領保險金，遭檢方求處三個死刑。檢察官表示，此案「非執行死刑不足以實現理性正義」。媒體大幅報導此案之兇殘，並據以支持死刑的必要性。

4/12

四月十二日，數起案件被監察委員認定檢警人員蒐證不確實，導致冤枉無辜，或者真兇逍遙法外。然而司法的疏失，也無法延緩殺戮的腳步，死刑的執行，已如箭在弦上……

4/14

暫停死刑執行才能避免錯殺

上個星期六，《政治與社會哲學評論》針對死刑存廢議題辦了一場座談會。與會學者分別從法律、哲學與政治思想等不同角度來分析死刑，其中，值得注意的是「改進死刑論」漸漸的浮現。「改進死刑論」認為死刑不失為對於正義的一種莊嚴的宣示，但是由於認識到現實上國家經常性地濫用權力，所以主張應節制地僅僅用於最重大的犯罪。

廢除死刑論與改進死刑論，在終極目標與哲學價值上固有差異，但在現實關懷上則有不少重疊之處。中研院人社中心研究員蕭高彥認為，應當透過修憲的方式，將國際人權公約的精神明確納入，以確保死刑只能用於最嚴重的故意犯罪，並且其審判應當經過正當法律程序。這個建議蘊含的前提，顯然是認識到現在台灣的司法實務尚未實踐這樣的精神，死刑判決的正當程序尚有缺漏。

中研院法律所助理研究員許家馨亦明確對於司法品質投下不信任票，主張立法全面停止死刑的執行，待制度的缺失、個案的錯漏均一一改進之後再議。換言之，屈服於民粹壓力、倉促執行現存的四十四名死囚，是廢除死刑論與改進死刑論都不能容忍的。

一般民眾總以為，死刑是極刑，審判一定是無比慎重，怎麼可能會錯？改進死刑論，聽在他們耳裡，可能跟廢死是一樣的不可思議。

其實現在定讞的這四十四個案子，並不像民眾所想的那樣完美。例如有一個判決裡，法官就明白承認，被告的罪行應判處無期徒刑，但是因為我國刑法所訂之無期徒刑仍有假釋可能，所以「改判」死刑。我們沒有「真正的」無期徒刑，這是國家刑罰政策的缺失，不是被告的錯，但是法官公然以此為由加重他的刑期。國家犯錯，但卻是被告買單。

還有一個判決是這樣：被告受雇前去槍殺被害人甲，連開三槍將甲殺害。欲離開時，甲的朋友乙想搶奪他的槍，被告又開兩槍將乙殺害。結果，預謀殺害甲的部分，判無期徒刑，臨時起意殺害乙的部分，卻判死刑。這樣的量刑標準難道不令人啞然失笑嗎？

民眾都相信，法官會下死刑判決，一定是那人罪大惡極，不可能改過遷善。但有一則判決卻出現這樣的矛盾：法官一方面認為被告到案後「坦承犯行，態度良好」、「接受宗教輔導，對獄中教誨反應良好」，但接下去卻又前言不對後語地，依舊判處死刑。死囚名單中更有智障者數名，有幾位定讞於二〇〇六年刑訴法 **31** 條的修正之前，未及享有偵訊中由律師全程陪同的保障。

理論上要不要有死刑是一回事，各方可以繼續在辯難中發展豐富深化的討論；然而實務上，把死刑判決攤開來看，看到的往往是缺陷與破綻。當務之急是暫時擱置理論分歧，共同檢討現存死刑判決與制度的諸多缺失，否則錯殺之日即不遠矣！

（本文原刊於《中國時報》，2010 年 4 月 14 日）

四月十五日，法務部長曾勇夫明確表示，定讞死刑犯的執行不會拖到年底。廢死聯盟再為四十四位死刑犯提出另一釋憲案，主張刑法第 271 條違憲。

檢察官與法官犯錯，全民埋單？

「庶民」。「庶民」，就是平凡的一般人，在最新版本的民粹語言裡，這個詞語等值轉換成「大多數」、「素樸」、「務實」。庶民是沈默的，但是如果你撥弄了對的琴弦，引發了庶民的共鳴，則選票與支持將如中了吃角子老虎那樣嘩啦嘩啦湧出，清脆的硬幣撞擊聲響不絕於耳。

「庶民」的道德義憤，在近日死刑存廢的討論裡表現無遺，其主要訴求，最後凝聚成「殺人償命」，以及一個以應報觀為基礎的刑罰系統。但是，這把道德怒火，對於刑案偵察的第一線——警方與檢方，卻從不追究。陸正案曾經在廢井裡發現一個男童屍體，但是當時的新竹市警察局居然把屍體搞丟了！陸正案至今等不到正義，難道不是因為檢警偵察的草率嗎？

性侵女童的嫌疑犯莊姓瓦斯工，「受惠」於檢警蒐證不確實，得以一再犯案；遭竹竿刺穿下體的被害人過世了，真兇仍然沒有找到，當年僅憑不可靠的被告自白、蒐證未臻齊全就匆促宣布破案，而辦案的檢察官與警察，記功的記功、升官的升官。以上這些案子，被害人家屬都對於嫌疑人十分憤怒，但對檢警的荒謬疏失則無批評。只要一碰到當權者，「庶民」的道德義憤就緊急煞車。

「庶民」對於把稅金花在監獄相關矯正措施上，常常有很大的反彈，覺得為什麼要用稅金去養壞人？但是司法院公布的資料顯示，過去十年間，政府已經發出四十六億八千多萬的冤獄賠償，每一年全民付出將近四．七億。檢察官與法官犯錯、全民買單，「庶民」全無怨言。日前有前任法官投書，坦白承認曾經將人誤判死刑（見三月十一日《聯合報》），也未見激起任何「義憤」。

「庶民」的道德義憤，往往以「對國家權力的無條件信任」為其配套措施。國家暴力的被害人及其家屬，從來不曾獲得同等規模的支持與溫暖。遠的有二二八、白色恐怖受難者，近的如「流浪法庭三十年」之後終於無罪確定的林泰治、柯芳澤、張國隆；他們何曾分享這種「道德義憤」帶來的支持？更不要說在司法制度裡一再被有罪推定的盧正、蘇建和、劉秉郎、莊林勳、邱和順，「庶民」對國家權力有多大的信任，他們就背負多大的懷疑。重大刑案的被告，早已為「庶民」的道德義憤付出了龐大代價。

當加害人是一般平民，「庶民」的道德義憤排山倒海而來，恨之欲其死。當加害人是國家機器的一部分，「庶民」卻噤聲不語，避重就輕。不是說「殺人償命」嗎？不是要「一報還一報」嗎？「庶民」的道德義憤，至此蕩然無存，真真是「竊鉤者誅，竊國者侯」！如此雙重標準的「道德義憤」不是別的，正是對國家暴力的縱容；而其惡果，不又是由廣大的、沈默的、多數的、素樸務實的「庶民」來承擔？

（本文原刊於《中國時報》，2010年4月28日）

4/30 四月三十日，四年多的「死刑零執行」宣告終結，法務部槍決張俊宏、洪晨耀、柯世銘、張文蔚四名死刑犯。

5/2 五月二日，《蘋果日報》的民調顯示，76%的民眾認為，法務部應該繼續執行槍決，不必等釋憲的結果。

5/4 五月四日，曾勇夫表示繼續槍決沒有時間表。他接受採訪時更直接說，「休想以釋憲延命！」

5/5 全民齊心擁護死刑，似乎並不擔心可能會殺錯人。然而，卻陸續有法官投書，承認自己判死刑時曾經犯錯

莫忘林瓊嘉——死刑為什麼會誤判？

死刑，一旦誤判，就無法補救。支持死刑的朋友們問得好：死刑是極刑，法官與被告無冤無仇，一定特別慎重，怎麼可能會誤判？

蘇建和案，盧正案，徐自強案，邱和順案；這些可疑的冤案，相關論證已多，但支持死刑的朋友們對此大致保持緘默。這篇文章裡我要講的不是這些熟悉的名字；我要提兩個新鮮的名字：林瓊嘉與薛爾毅。

林瓊嘉，現任律師，以前曾經是法官。他於三月十一日投書《聯合報》，那篇文章一開頭便說：「筆者當法官時，曾自認求其生而不可得，乃判處死刑；但多年後，卻發現錯失被告生機。」

他判錯了！一個罪不至死的人，被林瓊嘉判了死刑，死掉了。法官犯錯，願意承認，勇氣可嘉。但是把他的投書整篇讀完，我納悶地自問：他真的有「認錯」嗎？他有悔過嗎？他有慚愧嗎？他有不好意思嗎？他有對他的被害人及其家屬表示任何一點歉意嗎？

沒有！沒有！沒有！林瓊嘉「提到」他誤判人死刑，但是對此過錯他毫・無・悔・意。

五月五日的《聯合報》，薛爾毅，一位已經退休的法官，寫了一篇投書。他說：「我做了幾十年法官，辦刑事審判的時間長，很正常，一定會碰到判死刑的案件。當然，我也在中學時期讀過歐陽修的〈瀧岡阡表〉，其中『求其生而不得，則死者與我皆無恨也。』做法官者，焉有不知之理？不過我要發驚人之語，我寫死刑判決書時，根本沒有求其生的念頭，用一句火星文：犯罪犯得實在太『超過』了，都是非死不可的，我沒有想到其他。」

壯哉斯言！〈瀧岡阡表〉讀過是讀過，但是臨到判死刑的時候，則丟在腦後。這正是我在拙文〈殺戮的艱難〉裡說的，「有時候正是因為案子很大，大家都希望看到有人為之付出代價，於是證據法則、無罪推定，反而鬆懈了。這時候，誰被帶進法庭，誰倒楣。」

有人認為「廢除死刑」是一個太過理想的主張。其實剛好相反，支持死刑，才是一個太過理想、罔顧現實的主張。刑事訴訟法第2條規定，「實施刑事訴訟程序之公務員，就該管案件，應於被告有利及不利之情形，一律注意」，意思是要求法官、檢察官要秉公處理，不是一心與被告為敵，而要公正地把對被告有利與不利的因素，都納入考量。但那只是「理想」。

薛爾毅的坦白——「根本沒有求其生的念頭」、「我沒有想到其他」，才是「現實」。

林瓊嘉與薛爾毅的投書裡，透露出他們的熱血，他們的慈悲情懷，他們的理性思考。我不覺得他們是壞人或者壞法官。只是，支持死刑的朋友們相信法官是神，然而他們不是。他們也是凡人。他們是凡人裡頭，具備相當學識素養，品行端正之人；但是，他們也會犯錯。

支持死刑的朋友們：下次您又要說「死刑不可能誤判」的時候，莫忘林瓊嘉。莫忘薛爾毅。

（本文原刊於《聯合報》，2010年5月8日，經編輯刪節。此處為完整版。）

五月十二日，監察院糾正國防部在江國慶案中非法取供，草率執行死刑。江國慶的父親為兒子的清白奔走十幾年，江國慶案平反以後一個月，江爸爸過世。司法的被害人與家屬，面對的始終是社會的冷落。

從制度面支持被害人與家屬

我接觸死刑這個議題，是從蘇建和案開始的。這個案子裡有四個人被判死刑：王文孝、蘇建和、劉秉郎、莊林勳。王文孝是軍人，軍法速審速決，很快就定讞槍決了；蘇建和等三人，在死刑定讞以後，奇蹟似的獲得再審的機會，又奇蹟似的在二〇〇三年被判無罪；我們的司法很少有這種勇氣，敢把一個先前被判死刑的案件改判無罪。

這個無罪判決後來被最高法院撤銷，全案又發回更審。不久前，終於再度獲得無罪判決，但仍未定讞。我演講時如果提到蘇案，很多人都很驚訝：「咦，他們不是出來了嗎？」很多司法的冤案都是如此，當事人感覺到錐心之痛，大半的青春都被浪費掉了；但旁觀者感覺不到，還以為案子早就了結了。

蘇建和案使我開始思考死刑的議題。大部分反對死刑的人，都是經歷了一段時間的思考以後，才慢慢走向這樣的立場；我也不例外。在這個思索的過程裡，很快襲上心頭的問題就是：那被害人怎麼辦？被害人家屬怎麼辦？在這一波的死刑爭議裡，也有很多人，基於疼惜被害人的心情，而支持死刑。

疼惜被害人的心情我也有。一九九六年彭婉如遇害，我與一群朋友發起「女權日」，紀念彭婉如與其他的性暴力受難者。我寫了一篇〈殺女人的年代〉，在文中舉了好幾個案例，因為，我不想忘記這些受害者，不管是因為擔任民進黨婦女部主任而受到矚目的彭婉如，或者其他不受矚目的，平凡的女人。我寫下來，是基於簡單又真摯的情感：不想忘記她們，不想讓她們無謂的消失。

寫《無彩青春》的時候，我很仔細的看了刑案現場照片。我想要記得。「我看著吳銘漢與葉盈蘭的臉，想著：在拍這照片的幾個小時以前，他們也是活人，跟你我一樣，有溫度，有呼吸，有散亂的念頭，血液規規矩矩的在血管裡奔流。我安靜凝視他們在世間的最後造型，我想要記得。任何死亡都是莊嚴的，即使這麼莽撞的罪行，也無損其莊嚴。」我在書裡這樣寫著。

我訪問了吳銘漢的哥哥吳唐接。這麼多年來，當蘇建和等三名被告飽受折磨的時候，吳唐接所承受的，又何其多？血案發生以後，他一肩扛起所有的事情：照顧老媽媽，以及倖存的一對姊弟。

我訪問他的時間約是二〇〇三年，再審宣判無罪。所有證據地毯式的查過一遍，法官認為罪證不足，但是吳唐接先生仍然堅決認為，蘇建和等三人一定有作案。如我在書中透過法院卷宗詳細論證的，起訴此案的崔紀鎮檢察官、一審判死刑的湯美玉法官，該查的證據沒有查，訊問筆錄不實，靠著王文孝顛三倒四的口供就草率將三人定罪；但是在吳唐接先生心目中，他們兩人是最好的檢察官與法官。

我應該對他闡述「無罪推定」的真諦嗎？我應該與他辯論這個案子裡執法人員違法失職的作為嗎？

我沒有。因為我認為，我不應該去跟他說這些。該堅守「無罪推定」原則的，不是他，是辦案的警方、檢方、法官。被害人家屬的失落與傷痛是那麼巨大，我怎麼能拿法律與正義的原則去要求他？

將心比心，如果我承受他所承受的痛苦，我可能也一樣。是的，如果我是被害人家屬，我也會有罪推定。不管誰被帶進法庭，我不僅懷疑他，還可能懷疑他身邊的親戚朋友，是不是都有涉案。

二〇〇七年十二月十日，邱和順案開庭，當庭播放警察詢問嫌犯的錄音帶。那天陸晉德先生也到庭。錄音帶裡，很清楚的聽到警察喊叫著，「把辣椒水拿進來！」「踹他！」也很清楚的聽到嫌犯哀求著，「麥啦……麥啦……」，間雜著「砰」「砰」「砰」的悶撞聲。

放完錄音帶以後，法官請陸晉德先生表示意見，陸先生說：「我沒有聽到刑求。」

如果我是被害人家屬，我恐怕，也聽不見。

我並不比吳唐接先生或陸晉德先生更慈悲、高尚。如果我站在他們的位置上，我就會跟他們一樣；說不定，還更糟。

正因如此，我們的訴訟制度才規定，法官如與原告或被告有恩怨故舊，就必須迴避；換言之，就是刻意要找一個沒有情緒牽扯的局外人來審案子，因為只有這樣才會客觀公正、不偏不倚、面面俱到。法律並不奢望被害人家屬公正、嚴謹、原諒、寬恕或者放下。

我也不奢望。所以我沒有跟吳唐接先生爭論什麼，我只是聽他講，也讓他盡量講。雖然他講的跟現代法治觀念不合，跟卷證資料不符，但是我覺得我所能做的，就是不要用什麼無罪推定的觀念去煩他。

在死刑存廢的爭議裡，我們在電視上看到被害者家屬表達他們的感受，失去親人、求償無門、覺得沒有公道……，我們也和大多數人一樣，心裡很難受，只能陪他們傷心，並且很想為他們做些什麼。看王小棣的電影《酷馬》，呈現一個失去愛子的母親有多痛苦；看小林美佳的書《為什麼會是我》，看到她以強韌的生命力超越了被強暴的痛苦經歷；體會著每一個傷心故事背後的辛苦掙扎，我們也跟著哭。

我們不斷被誤會的一點是：我們要求被害人家屬寬恕，或者我們寬恕死刑犯。但這不是事實。我們從來不主張寬恕論。

〈殺戮的艱難〉在《司改雜誌》發表後，那期雜誌加印數千本，供廢死聯盟宣傳之用[1]。如果說〈殺戮的艱難〉是廢死聯盟的代表性論述之一，應當不算太自我膨脹。〈殺戮的艱難〉裡，有好幾個段落明確的反對寬恕論：

「王文孝沒有悔過。他殺死了人，還誣賴說是死者先動手；他沒有誠懇的面對自己的錯，沒有負起責任，對那些被他傷害的人，也沒有感到歉意。這怎麼原諒？

得先有一句真誠的『對不起』，然後才可能有一聲寬容的『沒關係』。那叫做原諒。如果打人的人得意揚長而去，被打的人只敢對自己咕噥說：『就當作是被兒子打了』，那不叫原諒，那叫阿Q。當罪犯還在諉過卸責，我們要從何原諒起呢？」

「我還是比較同意蓋瑞・史賓斯在《正義的神話》裡說的：『雖然我們貶低報復，但報復是正義的核心。寬恕是偉大的，但寬恕把人不公平的置於情緒混亂中，國家的寬厚反而變成對受害者的另一種犯罪。』」

在〈廢死聯盟致台灣的公開信〉裡，我們再度表示：

「我們的當事人多半是犯了很大錯誤的人。那些罪行，我們也無法原諒。我們並不天真的以為監獄可以教化每一個人，使人變好。但是一個社會集體癲狂至此，肯定可以帶壞其中的人，使他變得狂暴嗜血。」

我從沒看到任何一個廢死聯盟的人以「寬恕論」為由反對死刑。我也沒看到反對死刑的人士要求被害者家屬要原諒。倒是常常看到其他人（包括支持死刑與中立的人）說，廢死人士不應該主張寬恕論[2]！這不是很奇

1 那是 2005 年，當時尚稱「替死聯盟」。

怪嗎？到底是誰主張寬恕論呢？眾口鑠金都說廢死人士不該這樣主張，如果大家都聽見了，想必這「廢死人士」一定是到處說、公開說，那為什麼我都找不到出處？

與「寬恕論」最接近的、最有「嫌疑」的，大概是王清峰的〈理性與寬恕〉[3]以及李家同的〈如果我被殺〉[4]。他們兩人都不是廢死聯盟的成員，而且他們的文章裡，都沒有要求被害人家屬寬恕。王清峰說：「廢死政策的形成是需要時間，暫停執行死刑則是希望讓『理性與寬恕』能有充裕發酵的時間。」「讓寬恕的力量大於復仇的怨恨，讓理性說服心理上的恐懼。」全文提及「寬恕」一詞僅此兩處。

李家同的文章裡說他自己與家人、學生，即使親身遇害或痛失至親，也會寬恕；但他沒有強求被害者家屬寬恕。他只是強調寬恕的正面價值：「最重要的是：我們該不該寬恕我們的敵人？阿米希人是心靈上最有平安的人，而他們也是絕對實行寬恕的民族。他們的寬恕是鐵一般的事實，兩位教宗的寬恕也是鐵一般的事實，我們的社會，能不能至少探討一下寬恕的意義？」

當我們的社會可以容許一個人說「如果我是被害人家屬，我一定要血仇血報」，但不能容許一個人說「如果我是被害人家屬，我願意寬恕」；我們便必須自問，我們的社會成了什麼樣子？

三月二十三日的「二一〇〇全民開講」談論死刑議題，「名嘴」之中，反對死刑的是姚立明與楊憲宏。他們都不是廢死聯盟的成員，而且兩人從頭到尾無一語提及「寬恕」，但是開放 call in，民眾劈頭就說廢死人士不應該要求被害人家屬寬恕，然後字幕就打：「廢死人士有資格要求被害人寬恕？」

這樣公平嗎？

寬恕是一種高貴的品質。在死刑爭議的顛峰，「寬恕」好像變成一個髒字眼，千萬不能說；王清峰與李家同只因為說了「寬恕」兩字，馬上被大眾不顧前後文地過度閱讀，這是矯枉過正。我反對以寬恕論為廢死的理

---

2 例如周玉蔻說，盧映潔寬恕死刑犯，卻告誹謗她的網友，這是偽善；但是盧映潔並沒有說過她寬恕死刑犯。

3 王清峰的文章隨後登在《蘋果日報》論壇，2010 年 3 月 11 日，標題與內文均將「寬恕」一詞改為「寬容」。

4 2010 年 3 月 13 日《聯合報》。

由，更反對將寬恕視為被害者家屬的責任；但是我希望，台灣社會不要全盤否定寬恕的價值。但願台灣社會仍然願意追求諸般美德——寬恕，溫柔，慈悲，善良等等；不要以疑世的態度，一律報以諷刺的嗤嗤冷笑。

我們不是不在乎被害人與家屬的痛苦。我們只是對於這個問題的成因與解決方式，有不同的看法。深入思考被害人的問題以後，我們認為解答不是死刑，而是一個整合性的支持系統，以社會福利、心理輔導的系統，輔以金錢補償，來統籌被害人的照顧。廢死聯盟在二〇〇八年舉辦了研討會，討論、比較各國的被害人支持系統，後來集結為《死刑存廢的新思維》一書，就是希望以他國經驗為借鏡，把台灣的被害人支持系統建立起來。如我在〈被害人保護與死刑爭議〉一文中所指出，台灣現行的制度還有很多有待改進的地方。

廢死聯盟的高涌誠律師，也曾經寫過這樣一篇投書，批評現行司法實務裡對被害人的輕忽。文章未獲媒體刊登，這裡全文照引：

落實被害人保護，打破惡性循環！

報載法務部終於考慮修訂被害人保護法，規定法官如不傳喚命案死者的家屬到庭，需在判決中載明理由。訴訟程序對被害人或家屬不友善，是個老問題，筆者的事務所就曾接過一個車禍案件，被害人是七十多歲的老婦，送醫不治。年輕的被告認罪，但堅稱沒有超速，而且只願賠償五十萬元。

從檢察官起訴開始，包括被告父母、承審法官、被告律師、附帶民事訴訟的調解委員，都一再詢問我們：「能不能跟被告和解？」半年下來，我們轉達此一問題不下十次，每一次都狠狠勾起當事人喪母的椎心苦痛。被害人家屬只希望這位年輕被告坦承過失，認罪後入監服刑，真誠悔過。他們在意的不是錢。

但是，整個司法程序中每個人的態度，似乎都認為「被害人負有與被告和解、寬恕被告的義務，否則就是放不下心中的仇恨」。被害人家屬感到司法體系的不友善，開始擔心如果不要求金錢賠償，結果可能令肇事者既得輕判又不用賠償，趕緊請我們補充提出民事求償，不過為時已晚，地方法院判處被告六個月徒刑。依法，這是可以易服社會勞動的。換句話說，被告騎車撞死一個人，也沒主動提出適當賠償，最後只需要掃掃公園、廁所，就沒事了。

法院這樣輕縱，被害人家屬自然不服，請求檢察官上訴。高等法院開庭時，法官依舊將我方態度理解為「不能接受低價賠償」，當庭「曉諭」，要我們回去繼續說服當事人。

筆者投入司法改革運動多年，亦擔任廢死聯盟釋憲聲請的主筆人之一，經常被誤解成不在乎被害人權益，或者我們要求被害人必須寬恕。筆者以及許多律師的法庭實務經驗卻是，法官乃至整個訴訟制度，常常不公平的強求被害人寬恕，否則就是妨礙和解、加重法官工作量的罪人。寬恕的道德情操，彷彿成了國民義務。被害人家屬期盼加害人賠償、認罪，而這份對正義的堅持，卻被法庭認為是貪圖更多賠償金的藉口。

被害人家屬的怒氣，因為審判程序的不友善而快速升高，進而轉為「嚴刑峻法」、「死刑不能廢」、甚至「就地正法」的呼求；於是國家自恃民意支持，便信心滿滿地動手殺人。殊不知被害人家屬的怒氣，正是源於國家縱容司法人員長期忽視家屬的需求與聲音。

於是，面對殘忍的兇殺案，法官只需憑藉社會公憤，就可以完成審判；家屬無處宣洩的怒火藉由媒體發出，則讓民意沸騰，削弱理性討論國家刑罰政策的可能性。這是一個永無休止的惡性循環，需要我們正視並突破。

我們相信，對被害人或家屬的保障，要從制度面來做。雖然談制度並不討好，但是討好與媚俗之事向來有人搶著要做。

我談死刑議題時常常遇到聽眾問：「廢除死刑以後要如何照顧被害者家屬？」每每令我哭笑不得。現在不用照顧嗎？只要死刑不廢除，就不必照顧被害人家屬了嗎？果真我們現在就是用死刑在「照顧」被害者家屬！可是，絕大多數案件的被害人還健在，他們需要支持系統；絕大多數的案件並未將加害者判處死刑，這些被害人與家屬，也沒有得到死刑的「安慰」。死刑沒有嚇阻犯罪，倒是無謂地轉移了大眾的注意力，也阻礙了大眾對於被害人支持系統的關切。

有一個朋友告訴我，她在英國時，有一天在路上遇到搶匪，搶走了她的皮包。她鎮定一下心神，去警察局報了案。過兩天，政府部門主動打電話來了，「對於犯罪被害人，我們有提供免費的諮商，請問妳需要嗎？」

我聽了感到好羨慕，我也想要活在一個那樣的社會裡！沒有一個社會是零犯罪的，成為被害人的風險永遠都存在；遇上倒楣事的可能是你，也可能是我。如果我們的社會有完善的被害人支持系統，那就是說，萬一不幸的事情發生在我身上的時候，整個社會會投注資源來幫助我，等於所有的人跟我一起承擔風險。這樣的社會才能令我們有安全感。

在這一波的討論裡，彷彿死刑是我們安全感的來源。其實性侵害、搶奪之類的犯罪，對警政系統來說雖然只是輕罪，卻已經足以把我們小老百姓嚇個半死。死刑的存在並不能夠嚇阻這些犯罪，因此，死刑並不能令我們更安全。被害人支持系統的完備，才是我們安全感的來源。

5/28

五月二十八日，廢死聯盟提出的所有釋憲案，全部被大法官「程序不受理」。政府部門處理風災水災常常缺乏效率飽受批評，但臨到殺人任務，倒是行政、立法、司法三權全面啟動，互相支持又互相掩護。

6/1

馬政府的聖經

大導演庫柏力克曾經拍了一部膾炙人口的反戰電影，叫做《奇愛博士》。這位怪博士從前是個納粹，二戰以後歸化為美國公民，但是骨子裡，仍然是個納粹。為了表現這種表裡不一，電影安排他得了一種怪病叫做

「他手症」（alien hand syndrome），每當他用人道語言包裝納粹思想時，右手便不由自主的半舉起來，做出「向希特勒致敬」的姿勢。

馬政府近來對死刑的處理，就跟這個納粹怪博士一樣。根據死刑執行要點，只要死刑犯有聲請釋憲，法務部就不能執行，要等到釋憲有個結果才能動手；並且明文規定，這個查證與注意的責任，落在最高法院檢察署與法務部身上。

死刑犯們向司法院聲請釋憲，不過四十四個人裡面，有四個人沒有蓋章，所以司法院以正式公文承諾，五月三號以前把資料補齊即可。結果五月三號還沒到，法務部就忍不住動手，四月三十號就把四個死刑犯執行了！其中張俊宏已經簽署委託書並且寄出。另外三個人會不會在五月三日以前改變心意，誰知道呢？國家的左手承諾一個期限，右手卻在期限來臨之前就殺人，這等違法行政，嚴重辜負人民對政府的信任。

這隻殺人右手的驚人之舉尚不只此。法務部長曾勇夫接受《時報週刊》專訪時說：「休想以釋憲延命！」釋憲是司法院大法官會議的職權，旨在貫徹憲法的意志，當法律與憲法相抵觸時，宣告該法失效。這是國家的左手最莊嚴的任務，右手竟公然將之矮化為「延命」的手段，此語置大法官的尊嚴於何地？

張俊宏的釋憲聲請，在五月三日補進了司法院。五月二十八日司法院決定不受理這些釋憲，並於說明中認定，張俊宏的釋憲聲請未於死刑執行前補簽名或蓋章，所以無效。是因為釋憲聲請人死亡，所以聲請無效嗎？非也！在司法院的待審案件裡，就列了一件袁X元、黃X治、袁X瑋、張X銘四人聯合提出的聲請，其中袁X瑋於提出聲請後死亡，但無損於其合法釋憲的事實。

國家的右手逾越分際，無視於左手的職權，貿然殺人；孰料國家的左手也大方地配合，竟不捍衛自己的職業尊嚴，更遺忘了他對人民白紙黑字的承諾，來掩護那隻殺人的右手。令人不禁想起老羅斯福總統的名言：「連香蕉都比咱們的法官有骨氣！」

左右手的荒謬劇，在特赦一事上再度重演。兩公約明確指出，要求赦免或減刑，是死刑犯的「權利」。既然是「權利」，那就要有相應的制度，讓他可以伸張自己的權利。可是我國的赦免法卻將赦免視為總統的職權，換言之是國家的「恩惠」，只有總統可以主動為之。

在這殘缺的赦免法下，死刑犯們只好向總統提出聲請，要求特赦或減刑。總統府收件以後，轉交法務部研議。法務部研議以後，送回總統府。國家這樣右手交給左手、左手又交給右手，玩得不亦樂乎。公文旅行了一圈，有權赦免或減刑的馬總統，究竟意向如何？昨天他開了金口，「還是請法務部決定。」

就這樣，國家的左手與右手互相矛盾又互相掩護，拖延時間又推卸責任。馬政府的聖經至此甚明，就是：「你殺人的時候，不要叫左手知道右手所做的。」

（本文原刊於《蘋果日報》，2010年6月1日）

6/2

至此，死刑定讞案件的法律救濟途徑已經窮盡，因為司法院大法官會議就是法律的盡頭。還剩下行政救濟一途，就是聲請總統特赦或減刑，不過相關法制並不完備，所以也是希望渺茫。

從三月到六月，台灣社會喊殺之聲不絕於耳；到底，我們想要活在一個什麼樣的社會裡呢？死刑將領我們走向何處呢？

廢死聯盟致台灣的公開信

各位朋友，

這個時刻很難安靜下來，因為明知執行在即。曾勇夫剛上任時說「不會拖過年底」，當時大家以為他的意思是「年底以前會開第一槍」，現在看來，或許竟然是：「年底以前會開最後一槍」。最後能留下的，或許只有徐自強的同案被告兩名，因為徐自強的部分還沒定讞。

結果可能是，徐自強救人的業績比我們好。

第一次執行時，法務部列出一些條件，但是事實是，所有程序上可殺之人，他都殺了。他不是先列條件然後挑選死刑犯，而是反過來：殺盡了以後再羅織一些理由，把他們包裹進去。時間上也毫不拖延，辦完公聽會就殺。這次呢？勇伯，您要一次提領，還是要領月退？或者是把這筆人頭資金暫放在看守所裡，作為活期存款，當您的老闆民調下滑時，就殺幾個死刑犯來轉移注意力？

人命保不住，是迫在眉睫的一個可能。如果悲觀的預測，會殺到剩下兩人。即使不這麼悲觀，也必然再殺一批。我們是手無寸鐵了。對於這個嗜殺的島嶼，我們唯一能說的，就是歷史會審判；相應的，廢死運動也必須在這個時刻站上一個歷史的高度，宣告這是一個階段的結束，下個階段的開始。

短短的幾個月裡傷亡慘重，廢死聯盟應該對於我們的當事人及其家屬，表示歉意。除了兩三位自始至終聯絡不上以外，其他死刑犯無論願意委任還是一意求死，都不時捎來信函，有的不認識字託人代筆，有的以漫畫抒發心情，當然也不乏文筆流暢、字跡清麗的。他們依照獄中的習慣，自稱、也互稱「同學」。他們在獄中透過有限的資訊管道向外張望，看著聯盟所做的一切，看到了便寫信來致意；他們在守望我們。

我們已經窮盡一切努力，但畢竟辜負了同學們的付託。

但也是在這一段時間裡，廢除死刑從一個無人聞問的理念，變成一個被廣泛討論的議題。廢死本來既居絕對少數，又冷門，翻身無望。現在仍然是少數，但是在強大的殺伐聲中，支持度竟然逆勢成長，而且議題的能見度陡增，再也不冷門了。只有我們知道這是如何的苦戰，每有一篇投書見報，背後就有更多篇被埋沒的好文章；簡直是「一將功成萬骨枯」！

奇蹟沒有出現，我們的少數意見未能阻擋殺人機器的運轉。但是在螳臂擋車的過程裡，我們至少就幾個方面製造了可觀的噪音：質疑裁判品質；質疑國家權力；藉機進行大眾法治教育；制度性的看待被害人保護等等。我們背負許多不公平的罵名，但也爭取到很多願意理性思辯的朋友。這一波危機還促成了宗教界與知識界集體出櫃，違逆民意而要求暫時停止執行。

我們的對手很多，可敬的對手卻很少。談話性節目日復一日對我們恣意攻訐、進行人格謀殺，而其粗暴與反智，日勝一日。他們起先於法無據地堅持法務部長一定要趕快簽死刑令，說這叫做「依法執行」；曾勇夫違法執行以後，他們便省略了「依法」二字。然後殺上癮似的，大家熱烈討論下一波殺戮名單、錄取標準與放榜時間，以及，為什麼要事先麻醉讓他死得那麼痛快……

我們的當事人多半是犯了很大錯誤的人。那些罪行，我們也無法原諒。我們並不天真的以為監獄可以教化每一個人，使人變好。但是一個社會集體癲狂至此，肯定可以帶壞其中的人，使他變得狂暴嗜血。

從事社會運動的人本該與當事人「站在一起」；這幾個月來，廢死聯盟確實「享受」到與死刑犯（以及所有刑事被告）相同的待遇。我們的成員受邀去談話性節目，去了以後發現，每一集的主題固然不同，然潛主題只有一個，就是公審廢死聯盟。名嘴組合稍有變化，然身分只有一個，就是原告。廢死聯盟被有罪推定，必須自證無辜，但我們的發言被制止、被打斷、被冷落、被曲解，至此方知連自證無辜的機會都是無上幸運。可是當我們有此「幸運」的時候，我們又發現，鐵證如山也沒用，那審訊我們的人沒有一句「對不起」、「我弄錯了」、「謝謝」、「那我了解了」；沒有，什麼都沒有。談話直接跳到下一個不實指控，然後整個過程重新再來一遍。

我們的許多當事人，在打官司的過程裡都曾經尋死放棄。有的是自忖殺了人，一命賠一命也應該。有的基於對家人的愧疚或者對自己的貶低，早就不想活。更多的人在法院審理過程裡感到洩氣，「反正我說什麼法官也不相信」。於是有的隨便承認，有的隨便否認。有的亂承認之後又亂否認，於是確定判決便拼湊成一則卡夫卡也想不出來的荒誕故事。

當釋憲案不受理，我們收到會議記錄，彷彿聽見大法官們囁嚅低語。釋憲聲請指出判處死刑所依據的法律程序遠低於兩公約的人權標準，而兩公約已經是國際人權上的低標。這樣嚴謹有據的釋憲案不值得大法官給個回應嗎？生要見人，死要見屍，大法官竟然在重大憲政爭議上來個相應不理，閉門避戰！

釋憲案不受理以後，我們就更加理解同學們為什麼會放棄。現實就是這副嘴臉，由不得我們不接受。

釋憲，這個莊嚴的舉動，被曾勇夫矮化為「延命」手段，也被性好民粹的名嘴們渲染為「不尊重民意」。於是自認為不被尊重的「庶民」對我們發火了。騷擾、辱罵、威脅、恐嚇，透過網路線、電話線、郵政系統傳遞過來。直到有一天，恐嚇信直接放進廢死的信箱，我們終於必須面對這個事實：恐嚇者可能在我們身邊徘徊跟蹤。我們為此搬離辦公室。

我們被憎恨，然而報警沒有用，提告換來加倍的辱罵。社會情境實質上要求我們打不還手罵不還口。我們沒還手、沒還口，於是名嘴們罵我們蓋高尚，假清高。

我們懷抱一個不同於多數的意見，因而獲罪。但我們寧可多談「廢死」，少談「廢死聯盟」，因為一己的毀譽實不重要。我們的對手，於被害人保護的議題虛晃一招以後，就完全沈溺在詆毀廢死聯盟的狂喜之中，無法自拔。我們的對手藉機炒作知名度，但他們說我們沽名釣譽。

請容我們心平氣和的說：在這一場集體癲狂裡，廢死聯盟守住了一個介入公共議題該有的品格。當外界冷嘲熱諷大貼標籤：「假慈悲」、「偽善」、「傲慢」，當廢死聯盟被人身攻擊、栽贓冤枉，我們難免生氣不平，但是在內部的群組討論裡，最後總有冷靜的聲音提醒大家，莫忘初衷。如是好幾回合。回望幾個月來的足跡，我們確實行正走穩。

我們多少都有這種與「庶民」對話的經驗：我們一表明廢死的立場，各式誤解就漫天蓋地撲過來，不容我們解釋；其中最大的誤解是：「死刑犯滿街跑喔！」等我們好不容易插進一句話：「改成終生監禁就好了啊。」對方愕然：「喔。——我不知道你們有這個主張。」名嘴們紮了一個稻草人，庶民們就射箭了；當廢死聯盟成為箭垜，真正有權亦有責提出刑罰政策的法務部，卻逍遙法外。

自從重啟執行以來，「待死現象」就在看守所內發酵，死亡如此迫近，可能比明早的太陽還要近。我們也不能完全倖免。但是我們更知道，邁開大步才能對抗嚴寒，持續戰鬥才能驅散無力感。所以我們竟然做得更起勁。

如果曾勇夫真如我們所想的那麼「勇」，那麼當屠殺結束的時候，廢死聯盟應當以適當的謙遜面對這個結果，並且思考接下來的方向。同學們可以放棄，我們不能放棄。尋死的同學，想要在這命懸一線的悲哀人生裡，掌握最後一點主控權。這是他們的權利，我們不僅尊重，也給予祝福。可是我們不放棄廢除死刑的理念，也一定陪著每一位願意尋求救濟途徑的同學，戰到最後一刻，和他們一起，與絕望奮鬥。

（本文原刊於廢死聯盟網站，2010 年 6 月 4 日）

6/10 六月十日，《蘋果日報》報導，「廢死聯盟偷搬家」。

6/15 六月十五日，馬英九總統表示，他從未主張廢除死刑，只是樂見其成。

6/18

大法官的成長

西蒙波娃說，女人不是天生的，而是後天養成、漸漸長成的。她用的字眼是「become」——「變成」。西蒙波娃的說法點出了社會對人的作用力，但也不排除個人自主的行動力。我最近讀這一本《大法官之旅》，寫美國聯邦最高法院大法官哈利・布雷克蒙，英文書名正是《*Becoming Justice Blackmun*》。

布雷克蒙當了二十四年的大法官。他個人其實反對死刑，但是他認為，死刑案件交到他手裡，並不是要問他的個人意見，而是問他，死刑是不是美國憲法第8條修正案所說的「殘酷不人道的刑罰」？他每次給出的答案都是：只要盡量謹慎，程序夠嚴謹、考量夠周延，死刑就不違憲。

但是隨著布雷克蒙審過的死刑案件愈來愈多，他對於這部殺人機器的信心，也愈降愈低。血淋淋的事實是：第一，他滿心以為各州會遵從聯邦最高法院所指出的方向，盡量限縮死刑的範圍，以求合憲；但實情恰好相反，死刑數量直線上升，他所期待的謹慎，只是夢幻泡影。第二，愈來愈多的統計指出，死刑判決裡充滿種族歧視：受害者是白人的話，加害者就比較容易被判死刑。布雷克蒙終於得出這樣的結論：「我責無旁貸必須承認，死刑實驗已經宣告失敗。」

布雷克蒙指出，聯邦最高法院曾經宣告，死刑必須顧及公平性，才不違憲；但是二十年過去了，死刑判決裡仍然充滿了恣意、歧視與錯誤。他曾經多次努力改進死刑，在死刑制度上附加更多規則更多限制，但現在他不得不承認，死刑不管怎麼改進，都不可能合憲。聯邦最高法院以為死刑已經排除了不公平的因素，然而那只不過是妄想，而布雷克蒙不願意再為之背書。

美國大法官地位崇高，但他們似乎並不吝於認錯。勇於改變立場的，布雷克蒙並不是第一個，也不是最後一個。在布雷克蒙之前，是大法官鮑威爾（Lewis F. Powell, Jr.）。有人問鮑威爾，大法官生涯裡可有後悔投錯票？鮑威爾說，有的，他曾投票支持死刑，但如今他認為，死刑應該廢除。在布雷克蒙之後，是大法官史蒂文斯（John Paul Stevens）。預定於六月下旬卸任的史蒂文斯，過去支持死刑，但在兩年前改變心意。他認為死刑有很高的誤判風險，卻有很低的收益，實在不值得。

布雷克蒙曾經說：「人總是在爭議中成長。」相較之下，台灣大法官在死刑爭議中卻怯於應戰，徒見社會對人的作用力，不見個人自主的行動力。他們顯然錯過了一個成長的好機會。

（本文原刊於《聯合報》，2010年6月18日）

7/2

七月二日至五日，廢死聯盟舉辦「飄洋過海來看你：看見被害人」系列座談，邀請美國的被害人團體來台。他們都在重大刑案中失去至親，但他們認為，死刑不能補償他們的損失，因為殺死加害者並不是解答。他們說，他們還是相信愛……

7/16

飄洋過海來看你

「悲傷有很多過程，我都經歷過，」台上這位美國老太太一字一字清晰的說。她的女兒被謀殺了，後方的螢幕上映出一個年輕女子帶著一隻狼狗在戶外，健康開心的樣子。

「其中一個階段是否認。當作這事沒發生。有一天我看見一件藍色洋裝很漂亮，我把它從衣架上拿下來，心想，這剛好是我女兒的 size。衣服拿到手裡了我才想起來，不對，她不在了。」

老太太叫做阿芭・蓋兒（Aba Gayle）。失去女兒以後，她在各種宗教、哲學裡尋找答案，經歷漫漫長路，她決定了她對死刑的立場：「我不相信謀殺，不管那謀殺發生在家裡、街頭、荒郊野外，還是刑場。」

這一天外面好熱好熱，會場裡冷氣好冷好冷，可是這幾位「謀殺案受害者家屬促進人權聯盟」（MVFHR）的成員，在廢死聯盟辦的「飄洋過海來看你」座談會裡，娓娓訴說他們的心路歷程、他們的想法，又令台下的人心裡深沈的震動。我注意到一個有意思的細節，那就是好幾位都用了「榮耀」這個字眼，honor。

瑞尼・庫欣（Renny Cushing）說，他父親與他自己本來就反對死刑，他不願意屈從於這件謀殺罪行，這個罪行奪走了他父親的生命，但他絕不容許父親的信念也被奪走，所以，反對死刑，是榮耀父親。阿芭・蓋兒則說，站出來成為反死刑的運動者，傳遞愛，才能榮耀女兒在世間留給她的回憶。

這一點饒富深意。支持死刑的受害者家屬，也是同樣基於對逝者的感情，同樣地想要以某種努力來使逝者的生命值得、並繼續發光。說到底，死刑議題之所以具備那樣濃烈的情緒爆發性，是因為支持與反對的意見底層，都有著豐沛的情感。

我舉手問阿芭・蓋兒，「妳有沒有遇過支持死刑的受害者家屬呢？可不可以跟我們分享這些相遇的經驗？」她說，以一貫的誠懇溫慈：「我不跟人爭論，因為爭論是沒有贏家的。我只是以身作則的活著，我相信愛，我就四處去監所探望受刑人，做我相信的事情。當我看到受害者家屬那麼痛苦，我也很痛，我真的很希望能幫上忙，不過，我不會告訴別人，他『應該』怎麼感覺、怎麼想、怎麼做。我只希望也許我種下一個小小的種子。在他心裡。說不定以後種子就會發芽。」

後來一個參與活動的網友來留言：「非常奇怪像接受了一場療癒之旅。」這件事情最奇怪的就是，我們本來並沒覺得自己有受傷啊……卻在聽了以後感覺好像隱藏的傷口被發現了，然後又癒合了。他們真的是「一滴淚光照亮世界」。「失去」了最多的人，現在卻成為「給予」的人。

（本文原刊於《聯合報》，2010年7月16日）

在死刑爭議裡，支持死刑最動人的理由就是：要顧慮到受害者家屬的感受，社會應該給他們支持。我們的政府確實從未負起責任好好運用資源去建立被害人保護制度。然而，槍決了四名死刑犯人以後，好像事件就落幕了？被害人保護制度改善了嗎？我們都誠摯地希望安慰、補償受害者與家屬的創傷，但是，死刑，就是唯一的解答嗎？

從「受害者」到「反抗者」

前一陣子死刑爭議捲起千堆雪，被害人保護制度也連帶成為大眾的目光焦點；隨著重啟執行、廢死議題降溫，竟然沒有人再談被害人保護制度了。

「被害人」「保護」制度，這個詞彙大家都用，加以沿用似乎很自然，為了溝通方便，似乎也不得不用。但是這些詞彙背後，藏著很值得探討質疑的一些既定想法。一九九四年因著一連串校園性騷擾案的爆發，婦女團體舉辦「反性騷擾大遊行」，在行經新生南路、金華街口時，我們停下來，在那裡悼念因為性暴力而死亡的女人。我們拉起白布條，寫的不是「性暴力受害地點」，而是「受難地點」；我們宣讀一份宣言，不稱「受害者」，而稱「受難者」。一字之差，整個思考的架構完全不同，出路也柳暗花明，豁然開朗。

受到政治迫害的人是「受難者」。而我們認為性暴力是一個父權社會的表徵，縱然性犯罪是個別男人施加於個別女人，但它不是個案，亦不能個案地加以解決。既然是個結構性的問題，當然應該援用「受難者」之稱。

「受害者」一詞，不管前後文如何溫柔善意，就是揮之不去的有著一張可憐、待人同情的臉孔。當我們稱某人為「受害者」，已經不只是客觀地描述他經歷過某個犯罪事件，而且是以該犯罪經驗作為這個人最重要的特徵來定義他。這樣的心態如透過社會互動不斷強化而固著下來，那這個人如何能夠重新找到主掌人生的能量？

我們常常忘記，「受害者」同時也是反抗者。因為主客觀因素，有的人反抗失敗死去，有的人英勇倖存。許多女人提供了很好的典範，寫下了她們的反抗經驗與心路歷程。遠的有徐璐的《暗夜倖存者》（皇冠），近的有小林美佳的《為什麼會是我》（三采文化）。閱讀她們平實的文字，總是深刻感受到那敘述背後的勇氣。她們立下的典範很清楚：藉由寫作與敘述，「受害者」重新成為主體，不再為她的受害經驗所馭。

受害經驗造成一個人的心靈創傷，而其創傷經驗的核心，是無力感。在那個犯罪的情境裡，加害人有備而來，一切發生得太快、猝不及防，於是加害人得以施展其權力。要克服這個創傷經驗，必須讓這個人重新感覺到自己的力量。

反抗失敗並不會使一個人失去主體位置。被關進黑牢裡的政治受難者，都是反抗不義政權而不幸失敗的人，可是不屈服的意志使得他們比他們的壓迫者更尊貴。有時候失敗的反抗者比成功的反抗者更耀眼，因為失敗是嚴苛的考驗，是對於主體性的重重一擊；能夠熬過來的人，他們的經驗對於整個社會來說，實是彌足珍貴。在這個意義上，「受害者」能夠教我們的實在太多了。

這並不是說，我們只需在字面上稍加改變，就能克竟全功。美國的「謀殺案受害者家屬促進人權聯盟」（MVFHR）甫於七月初來台，他們帶來的經驗很值得省思。他們不是被保護的客體，而是集結行動的主體。他們的受害經驗造就了他們，成為不屈的反抗者。

受害經驗應當被正視、社會應給予支持、國家應提供資源，這些都不應該打折扣。但這個支持系統千萬不能忘記它的終極目標，不是去拯救一個意志癱瘓的小可憐、讓他此後可以永遠躲在強壯的羽翼下受到保護；而是扶持陪伴著，知道這個人有一天會掙脫受害經驗施予他的恐怖，繼續在他的人生道路上勇敢前進，而且身手不凡。如同尼采說的：「殺不死我的，將使我更強壯。」

（本文原刊於《蘋果日報》，2010年7月19日）

9/7

二〇一〇年九月七日，是盧正被槍決十週年。盧正的姊姊盧菁、盧萍，經過了這麼多年仍然不放棄，一心期待此案能夠重啟調查，找出真凶，還給盧正清白，也還給該案的被害人一個公道。死刑，這無法挽救的錯誤，由盧菁、盧萍兩位手無寸鐵的被害人家屬獨力承擔。這一天，廢死聯盟在濟南教會放映盧正案的紀錄片《島國殺人紀事2》，片子放到一半，天空簌簌降下細雨，輕柔如淚……

9/10

盧正你在嗎？

二〇〇〇年九月七日，盧菁、盧萍去探望弟弟盧正，告訴他別擔心。中秋節快到了，盧萍一心想著要帶個月餅給盧正。晚上九點，電話響了，是刑場打來的。盧萍情緒崩潰，拿起桌上做手工藝的小鉗子夾自己的手，這是夢嗎？十指連心，那麼手上的血痕也是心上流淌的血了！

盧正案，和其他冤案有同樣的標準配備：違法羈押，刑求誘哄取得自白，僅憑自白就判死刑。那一起擄人勒贖案，被害人被撕票，現場發現數枚指紋，又發現煙蒂上有殘留的唾液。台南警方根據一位「靈媒」的說法——在警詢錄影帶裡還可以看見這位靈媒在偵訊現場打坐——逮捕了開白色車子的盧正，因為靈媒說歹徒是開白色車子的。證物化驗了以後發現，指紋不是盧正的，唾液驗得的血型也與盧正不符。但盧正被判死刑，而且案子兩年左右就定讞。

盧菁、盧萍四處陳情，人權團體勻出吃緊的人力來協助盧正案，可是律師發現閱不到卷，法務部與最高檢互踢皮球。同時監察院也注意到這個案子，正在著手調查之際，陳定南就批了盧正的執行令。

十年以後的九月七日，我們聚在濟南教會前面看《島國殺人紀事2》，蔡崇隆的紀錄片作品。片子裡盧萍聲嘶力竭的喊：「盧正死不瞑目啊！」天降細雨，溫柔的落在我們臉上，好像與片子裡的吶喊相互應和，盧正，是你嗎？你在嗎？

十年了，盧正，你的姊姊們老了十歲，但你還是二十八歲。十年前盧菁、盧萍為了你在法務部靜坐抗議，有路人對她們吐口水，嫌她們破壞秩序；她們沒有享受過被害者家屬應得的同情與正義，雖然你，盧正，是司法誤判的被害人。你的姊姊們為你慶生，給你買個蛋糕，盧菁流著淚吃便當，然而你只是個靈位，你的蛋糕沒人吃。

但是盧正，你害羞的姊姊們鼓起勇氣，在立法院裡敲開一間又一間立委辦公室的門，請他們修法，徹底杜絕刑求。盧正你在嗎？雨還在下，你們是弱勢中的弱勢，因為你們的加害人是國家機器，所以旁觀者聳聳肩走開，不吭聲。但是你的姊姊們真愛你，她們像林覺民的〈與妻訣別書〉說的一樣，「吾充吾愛汝之心，助天下人愛其所愛」。你走了，她們擔心別人的弟弟被刑求。

盧正，雨還在下，我們移到雨棚下看完了你的紀錄片，你也在啊，你是一張遺照；但是你沒淋到雨，你的外甥女把你保護得很好。（她長好大了喲。）盧正，真對不起，你的案子，我們來不及；但你的姊姊們不放棄，我們也不忘記。

（本文原刊於《聯合報》，2010 年 9 月 10 日）

附錄：幸運兒

收到公視記者蔡崇隆寄給我的《島國殺人紀事 2》，真是一件悲哀的事情。兩年前他拍《島國殺人紀事》，探討了蘇建和案漏洞百出的偵辦與審判過程，現在這片子居然有續集。居然有續集。

信封裡，崇隆附了一張紙條：「娟芬：蘇案的片子我沒有拜託過別人寫東西，因為從某個角度看，我覺得蘇建和三人已經自由了。但是盧正案我會拜託你，是因為雖然盧正已死，但他的家人卻墜入烈火灼燒的地獄之中，可能一輩子都不會得到自由與愛。妳的一個字、兩個字，對她們都是一點一滴的甘霖。」

蘇建和、劉秉郎、莊明勳三人莫名其妙被關了十年，到現在頭上還是頂著一紙死刑判決，生死未卜，他們已經夠倒楣了；可是盧正案竟然讓他們「相較之下」變成幸運兒。

地獄之下，還有地獄。地獄的續集。

盧正案是這樣的。一九九八年，在廣告公司上班的詹春子被綁架，歹徒打電話向她的丈夫勒索五百萬。其夫報警，歹徒也沒有再打來，隔天詹春子即被撕票棄屍。警方在現場發現歹徒的指紋、毛髮、血液，並發現在案發當天，盧正的座車曾經到過詹春子的公司。盧正到案後經過比對，發現指紋不是他的。毛髮不是他的。血液不是他的。他被判死刑。

盧正的兩個姊姊始終相信弟弟的清白，開始奔走營救。她們認為警方違法將盧正留在警局長達三十六小時，一定是刑求才會讓盧正不得已寫下了自白；盧正的獄中家書也是如此哭訴。警方的說法是當時並非「羈押」盧正，僅是請他「協助偵辦」，因此他是自願待在警察局的：「他自己不走的啊！

趕也趕不走啊！」記者問：「這不太合常理耶。如果是他做的，他跑都來不及了；如果不是他做的，他更沒有必要待在這邊啊。」警察回以冷笑。

盧家姊妹的營救行動引起了外界的注意，除了有監察委員介入調查之外，她們也考慮控告承辦員警刑求。沒想到法務部偉大的陳青天，突然迅雷不及掩耳的批了執刑令，於九月七日下午執行槍決。當天早上兩位姊姊還不知情的去探望盧正，告訴他申冤大有進展，鼓勵他在獄中要保重……。到了下午，幾聲悶響，打在盧正胸膛的三顆子彈，使得蘇案三人成為幸運兒。

又是僅憑自白就定罪的案子，唯一與蘇案不同的是，盧正案並非「沒有實證」，而是「實證並不指向他」。我們都不認識盧正，或許無從判斷盧正品格如何、清白與否；但現場採集到的指紋、血漬、毛髮應做何解釋呢？此案如果不是真凶在逃，就是另有共犯，卻這樣急匆匆的——趕在監委調查報告出爐前、趕在社運團體聲援前、趕在盧正家屬控告警員瀆職前、趕在真相大白以前——殺了盧正！國家的司法權與死刑令不是用來實現正義，而竟然是用來「滅口」的。

兩年前，我看了蘇建和案的相關資料嘆道：「這真是個政治威權殘留下來的最後冤獄，經典的。」現在才知道那不是「最後」冤獄。那麼，讓我彎下腰來對你微笑行禮：「歡迎來到幸運島。在這裡，人人都是幸運兒。」

（本文原刊於《中國時報》，2001年12月9日）

9/16

九月十六日，出現二〇一〇年第一起死刑定讞案例。

9/23

九月二十三日，出現第二與第三個定讞個案。

9/24

湯英伸案的意義

為什麼我們還記得湯英伸呢？都已經二十幾年了。

那一期的《人間雜誌》是灰黑色的調子，依稀記得那悵惘的感覺，讀完了以後，最希望一切都沒有發生。救援失敗了以後，《人間雜誌》又做了一期，湯英伸已經在一個四四方方的骨灰盒子裡了，但是被害者的家屬願意與湯英伸的父親擁抱和解。那應該是劇痛的擁抱，但那痛楚裡終於至少有一點意義。

鑽研「意義治療」的精神科醫師維克多．法蘭可（Viktor Frankl）喜歡引述尼采的話，來說明什麼是意義治療：「如果一個人知道他為何而戰，他就什麼都能夠承受。」法蘭可自己進過集中營，是奧許維茲的倖存者。他曾說，痛苦像煤氣一樣，不論量多量少，不管房間大小，煤氣就是會充滿那個房間。但是在痛苦之中，能夠支撐一個人活下去的，是一股追尋意義的意志力。

《人間雜誌》賦予了湯英伸案一個意義。那是我們第一次探索什麼是「惡」，什麼是「罪」，第一次願意跨越道德評價，去聆聽與理解，第一次以動態的社會過程去理解一樁暴力犯罪的前因後果。湯英伸是以《人間雜誌》所描繪的模樣被記憶的，而且二十多年以後，不僅台灣還記得湯英伸，連星馬地區居然也記得——最近有一個馬來西亞的華人青年楊偉光，因為運毒被新加坡政府判處死刑，當地人權工作者認為新加坡的法律規定「販毒處唯一死刑」是違憲的，所以串連奔走要求槍下留人。他們稱楊偉光為「馬來西亞的湯英伸」，因為楊偉光案裡，也處處刻畫著社會弱勢階級如何一步一步走上犯罪的不歸路。

我們記得湯英伸，不只因為當時有《人間雜誌》，更因為當時沒有壹傳媒，及其引進的一整套狂躁修辭。現在已經沒有人「指出」了，一律「踢爆」；簡單的「表示」也寫成「怒嗆」，簡單的「澄清」，則必然「回嗆」。用這種狂躁修辭寫成的新聞，看起來所有人都在歇斯底里的吵架。溫柔敦厚已不復見，理性與理解所需要的空間，更是奢求。這樣的媒體生態非但不賦予意義，反倒剝奪了一切的意義。

「意義治療」是想盡辦法要讓人找到他存在的意義；我們的社會卻好像一直在接受「反向的意義治療」。如果法蘭可是對的，那麼這是整個社會在精神層次上慢性自殺。湯英伸案給我們的啟示就是，只有賦予悲劇深刻的意義，才能讓它在集體記憶中轉化為生命的動力；今日的失敗，或將成為明日的資產。

（本文原刊於《聯合報》，2010 年 9 月 24 日）

10/7

十月七日，出現第四個定讞個案。二〇一〇年開始的時候，待決死囚有四十四人。在輿論要求下，四月三十日執行四人，剩下四十人。到了年末，待決死囚人數又回到了四十四人。

Ⅲ 見證

日子在搶救、搶救、搶救之中過去，
我們有太多話來不及說，太多事情來不及解釋。
第三部分寫於死刑風波稍歇之時，
細細記錄廢死運動的足跡，以為歷史見證，
希望台灣社會對死刑的思考不要停滯……

廢死釋憲的折返跑

謹以此文
獻給大法官

一．白癡說的故事

「未犯此案前常聽到有人說司法不公，那時我想那有可能，代表國家作為審判單位的法官應是公正的，羈押後我方能理解當初那些人的無奈。不談這些，感謝您於四月二日來看我。」——死刑犯人之一

「以前我是怪手司機等，家中三兄弟一個妹妹，爸爸和媽媽，但現在只有媽媽關心我和聯絡其他，都很久沒有聯絡了，跟媽媽也只用信件關心，一年多來沒有人來探望了ok，對了，我們死刑的跟一班的同學不一樣他們是辦理接見，我們的是辦理電視接見，所以ㄚ，您們無法探望我們，因該是如此

吧，但我太久沒有會客了，所以我也不知道要如何說。」——死刑犯人之二，錯字二枚，原文照引

「首先呢～要向您說聲抱歉！拖那麼久才回信，望妳見諒！真不好意思草稿已在腦海中寫了很多遍都還寫不出來……我想可能關久了腦袋也跟著不好使了吧！」「承蒙貴聯盟和妳的關心……我家人一切安好也有固定時間會來看我 唉～一想到家人就蠻心酸的……像我這種苟且偷生 苟延殘喘的人不知還會拖累他們多久……好像多活一天 心裡對他們的愧（內）疚感就會增加一分！」——死刑犯人之三

「坐牢十年左右出來還可種種花，撿撿保特瓶，一坐二十年、三十年以上的話，待大門一出，冷風一吹，咻——還捲起地上兩三片枯葉，親人們死的死、走的走，怎淒涼二字而已啊！」——死刑犯人之四

「本人雖不諳法律、但感覺對三級法院的審理作為、本人感覺就是不屑與不滿、因此、每一庭本人都要求速審速結、實在是不屑與之對話才是正解……今天，本人不考慮假貴聯盟、法扶會之手、提起重審、非常上訴等……主觀意識仍在於本人不屑與之！」「這裡的會客、只短短的十幾分鐘、但在外面辦理接見的您們，等待流程至少二小時？我瞭解這些過程、所以很在意

您們為我奔走的辛勞……可以的話、請不要再來見我、您們忙您們的吧、請不必為我浪費時間……」——死刑犯人之五

「有一事想請託您幫忙協助，希望不會造成您的困擾，因我幾年前在家扶中心認養一位助學兒童，希望在我走後您能幫我尋得一位善心人士接替我，繼續幫助這位小朋友，因此事是我自己每月從家人給的生活費中節省下來捐的，所以並沒讓家人知道，而在我走後也不想再留個負擔給家人，所以才請求您的協助。」——死刑犯人之六

「他不是不理妳們，而是因他不識字不知怎麼回信罷了！他不信鬼神之事，每天過的有一天算一天の日子，平日不是聽音樂就是玩象棋，天天過的重覆の日子。」「我跟他同房半年多了，說真の要說他是怎樣の人我不太會說，因為年紀差很多，觀念不同，很難說，總知只能說就跟一般人沒兩樣。」——死刑犯人之七，同房代為回信，錯字一枚，原文照引

廢死的釋憲故事，按理說有四十四個主角。他們怒犯天條，被判了死刑，並且因緣際會地在二〇一〇年，成為新聞焦點。說是焦點，但又失焦；這些人光溜溜地從娘胎出來，然後發生了什麼事情，最後列於死囚名單之上？

不知道。

死刑犯是怎麼變成死刑犯的？或許因為一旁幫忙喊殺的啦啦隊太過搶戲，大家居然忘記問了。一個故事最精彩的是過程，但死刑犯的故事在媒體的傳述裡，只有結果，反正他們都是壞人就對了。而且他們還不是普通的壞人喔，他們是經過國家認證的超級壞人，品質有保證，還有什麼疑問呢？

於是，四十四個死刑犯成為不露面的主角，不出聲的主唱。他的肉身困於四面牆壁之間，插翅難飛；他的名字卻乘著憎恨與恐懼的翅膀，四處流竄。他們的故事，隻字片語、斷簡殘篇；他們的人生，只有莎士比亞的《馬克白》能夠形容：

「人生只不過是一個走動的鬼影，一個可憐的角色。
時而昂首闊步，時而苦惱低迴，
如此度過他的演出時間，然後便無消無息：
人生是一則故事，說故事的人是個白癡。
故事裡充滿了聲音與憤怒，但什麼也沒表達。」

如果可能，他們或許情願放棄自己的名字，擺脫這個壞掉了的人生。我們卻很難盡知那壞掉了是怎麼個壞法，只能看著他們如同白霧一般飄在字裡行間，偶爾透露一些片面的真實，但轉瞬即逝。

除了這四十四位人生成謎的死刑犯以外，這個故事還有另外一群主角，也差不多的神祕，那就是十五位大法官。上網去查，可以查到他們的名字、學經歷與專長，但是大法官受理或不受理一個案子的過程與考量，卻是最高機密。他們下的每一個決定都是終局判決，如果聲請人不服，也不能怎麼辦，因為這裡就是法律的盡頭。至於大法官內心深處真實的想法與感受，則雲深不知處。

從二〇〇六到二〇一〇年，廢死聯盟多次代表死刑犯向大法官會議聲請釋憲。因為法律很專業也很細節，所以故事說起來好像很複雜；但是如果只看故事的結構，倒是簡單得很，一言以蔽之：廢死聯盟在這兩群謎樣人物之間，折返跑。

二·牧童遙指杏花村

當鍾德樹帶著一桶汽油前去討債的時候，他並沒有想過，自己將在台灣廢死運動上名垂青史。他腦子裡不停的轉著同一個念頭：「要不回來了，我的錢要不回來了。」他剛剛去警察局，問警察如何可以把他的錢要回來，可是警察說，因為當初沒有簽借據，那就沒辦法了。

他很沮喪。「沒辦法了。」可是，他也很生氣。「怎麼可以這樣！」他跑去加油站買了兩百塊錢汽油，氣急敗壞的上門討債。

接下來的事情有兩種版本。打從第一份警詢筆錄開始，鍾德樹就說，他潑灑汽油，要嚇唬對方把錢還來，可是不知怎麼的就著火了。他沒有點火。不過，檢察官不相信他，而想出了第二種版本，認為鍾德樹潑灑汽油並點火。法官採信檢察官的版本，從一審開始就判他死刑，因為那場火燒死了三個人，並且造成十八人輕重傷。

物證與鍾德樹的供述相符：現場真的找不到點火器。所以判決裡只好說，鍾德樹用「不明點火器」縱火，將他判處死刑。其實大部分的縱火犯應屬「不確定故意」，就是說，他當然知道縱火有致人於死的可能，但縱火犯通常放了火就走了，根本不管誰逃出來、誰沒逃出來，他可能有致人於死的意念，但並不強烈，所以叫做「不確定故意」。

在有死刑的先進國家例如美國，「不確定故意」是不能判死刑的，但是在量刑沒有標準的台灣，法官以結果論刑。假如大家都逃出來了，縱火者運氣好，判個有期徒刑。假如死傷慘重，縱火者就成為死刑犯。

鍾德樹是後者。官司兩年定讞。與鍾德樹「同期」被判死刑的，先後被槍決，到了二〇〇六年冬天，終於輪到鍾德樹了。當時的法務部長施茂林簽了死刑令。以往令出必行，但是這一次，不靈了，因為廢死聯盟累積了一些死刑個案的經驗，發現這部死刑機器有一個嚴重的缺失：閱不到卷，沒法救濟。

一般的定讞案件，閱卷在地檢署，但是死刑定讞案件的卷不在地檢署。那在哪裡呢？無論寫公文給法務部、地檢署、高檢署還是最高檢，回覆都是「於法無據，礙難辦理」。政府部門互踢皮球，等於實質阻擋了死囚的法律救濟途徑。

國家機器在法律條文上裝模作樣的說，死刑定讞以後，若發現新事證，可以聲請再審；判決違背法令，可以非常上訴。但是，不閱卷怎麼可能發現新事證或原判決違法？牧童遙指杏花村，但是無路可通杏花村；杏花村的聯外道路早就中斷了。牧童的「遙指」，只是一個不負責任的敷衍。

鍾德樹沒被執行，不是廢死聯盟找到了阻擋死刑執行的巧門，更不是電視名嘴們以訛傳訛的「律師趁閱卷之便偷走了執刑令導致無法執行」。這個沒有常識的謠言令人噴飯，不單因為與事實不符，更因為不合邏輯：執行令是施茂林簽的，他如果不小心把執行令搞丟了，不會再簽一張啊？

鍾德樹沒被執行，是因為國家機器長期以來用「牧童遙指杏花村」的手法，不當侵害死囚的合法救濟權利，這個「巧門」在二〇〇六年被廢死聯盟發現了，而律師們鍥而不捨的公文往返，則使國家機器的犯行，無所遁形。閱卷不是被告律師為了拖延執行而匆忙捏造出來的藉口，而是一個早已提出但不斷被官方漠視的合法要求。

從廢死聯盟出版的《停止死刑：死囚鍾德樹的故事》一書，可以清楚的看到這個過程，以及死刑執行的決策品質。

二〇〇六年十一月二十四日：廢死聯盟拜會法務部，指出這個閱不到卷的問題。法務部答應去協調。（公文往返八個多月，好不容易讓官方正視這個問題了！）

二〇〇六年十一月二十八日：最高檢函覆鍾德樹的辯護人王寶蒞律師，

稱已向法務部調卷，並且說，等到卷子來了，就會通知王律師去閱卷。（嗯，總算協調有成！）

二〇〇六年十一月二十九日：法務部長施茂林簽了鍾德樹的死刑令。

（！！！？？？）

施茂林明明知道，死囚的合法救濟管道受阻於無法閱卷；他明明知道，鍾德樹的律師已與官方各單位有十餘次公文往來要求閱卷未果；他更知道這問題昨天才得到初步的解決；但是他卻一刻也等不及的簽了死刑令！施茂林究竟是刻意打算搶在鍾德樹的律師有機會閱卷以前，趕快先把鍾德樹打死，還是他根本搞不清楚他批的是誰的死刑令？

死刑的執行並不像國家機器所宣稱的，是公權力對於正義的一種莊嚴宣示。死刑的執行，充滿了國家機器的恣意妄為，與死囚的機遇。鍾德樹的案子於二〇〇六年成功槍下留人；但是二〇〇〇年的盧正案，物證均不指向盧正，監察委員也已介入調查；律師一樣在法務部與最高檢之間疲於奔命、閱不到卷，法務部竟草率槍決。和《雖然他們是無辜的》講的一樣：死囚的死與生，不是靠司法制度內建的糾錯機制，而是靠運氣。

三．釋憲路線的誕生

鍾案催生了台灣廢死運動的釋憲路線。高涌誠律師與高榮志律師當時分任司改會執行長與研究專員，一起緊急為鍾德樹提出了兩個釋憲案，其一主張刑事訴訟法第 299 條量刑程序沒有分離，有違憲之虞；其二主張刑法第 271 條違憲，要求大法官至少對於死刑的適用範圍做出限縮解釋。兩位高律師笑說他們像是及時趕到的醫護人員，用釋憲幫病患做 CPR。雖然時間上緊迫，但釋憲案仍是兩人多年關注死刑議題的經驗累積。

這兩個釋憲，大法官均不受理。其一，依刑事訴訟法第 289 條，被告於調查證據完畢時，即有機會就量刑部分辯論。其二，死刑是否違憲，先前已經有司法院釋字第 194 號、第 263 號及第 476 號解釋，如要聲請補充解釋，必須是上述幾號解釋的原聲請人才行。

廢死聯盟對這兩個不受理決議並不服氣，尤其是第二個。476 號解釋是關於毒品罪判死刑，而鍾德樹案是關於殺人罪判死刑，所涉法條全不相同，怎麼能算是補充解釋？但是大法官官大學問大，所以他贏了。

自從二〇〇五年成立釋憲小組以來，廢死聯盟愈來愈認真的考慮，以釋憲為廢除死刑的方法。上一個關於死刑的解釋（476號）已經是一九九九年的事情，當時一年有數十件的死刑判決，沒有侵害生命法益的罪也可能被判死刑。這麼多年過去，法院在死刑判決上已經比較自制了，不僅定讞件數減少，實務上也限縮到只有侵害生命法益的案件才會判死刑。大法官位於金字塔頂層，卻反而落後於普通法院的法官，該是他們迎頭趕上的時候了吧？何況這中間已經換了兩屆大法官，釋憲不是沒有勝算。而且在做成憲法解釋時，大法官經常偏好「比較法學」觀點，因此國際的廢除死刑論述與實踐，對於大法官應有一定程度的影響力。

二〇〇七年，郭吉仁律師在一個司法改革的研討會中指出，刑事訴訟法第388條免除國家強制辯護的義務，有違憲之虞；這個意見後來由高涌誠律師發展成一個新的釋憲案。在當時的二十四名死囚中，有十四名在第三審的時候沒有辯護人。

不過這個釋憲案遞進去以後，便了無音訊。侯門深似海，大法官要不要受理一個案子，並沒有可以追蹤查問的正當法律程序，聲請人只能在門外鵠立守候。大法官共十五位，分成五個審查小組，該小組決定是否受理後，案件就會送到全體大法官的會議上做最後決定。只有到了這個階段，案子才會列在網站上的「待審案件」裡。

審查小組需要多少時間來決定要不要受理呢？三個月？半年？由於缺乏正當法律程序的相關要求，大法官愛拖多久就拖多久。一年過去了，兩年過去了，一點消息也沒有。只是決定要不要受理而已，又不是要完成憲法的解釋，要那麼久嗎？情況很明顯：大法官「吃案」了。

隨後的幾年，國內外有幾個因素或推或拉，左右了釋憲的進度。二〇〇八、二〇〇九兩年間，來自英國的 Roger Hood 教授、Parvais Jabbar 律師與 Saul Lehrfreund 律師三度來台。Roger Hood 教授著有《死刑的全球考察》（*The Death Penalty: A Worldwide Perspective*）一書，亦長期擔任聯合國顧問，這個三人組許多年來巡迴全球，將他們「釋憲廢死刑」的路線介紹給各地的廢死運動。對於台灣本土的廢死運動而言，他們帶來的主要是國際的精神支持，至於釋憲的論述、策略與步調，當然還是依照台灣的法律架構與政治環境而定。

連續三年零執行以後，最高法院給了廢死聯盟一個加快釋憲腳步的理由：單單二〇〇九年一年，竟有十三人定讞，死囚名單激增三分之一！執行死刑對於犯罪沒有什麼嚇阻效果，倒是對最高法院有嚇阻效果；停止執行以後，最高法院彷彿覺得判了也不會死似的，產量大增之餘，也出現一些品質可疑的判決。例如98台上4391號判決，法官明白承認，被告的罪行應判處無期徒刑，但是因為我國刑法所訂之無期徒刑仍有假釋可能，所以「改判」死刑。我們沒有「真正的」無期徒刑，這是國家刑罰政策的缺失，不是被告的錯，法官竟公然以此為由加重他的刑期。國家犯錯，被告買單。或者如98台上7723號判決：法官一方面認為被告到案後「坦承犯行，態度良好」、「接受宗教輔導，對獄中教誨反應良好」，但接下去卻前言不對後語地，依舊判處死刑。

這時已經是馬政府任內。雖然承襲前朝，仍以廢除死刑為法務部既定政策，但是，個案再這樣累積下去，執刑壓力總有一天要潰堤。

不過也有好消息：兩公約於二〇〇九年三月經立法院通過，具備國內法效力，十二月開始施行。公民與政治權利國際公約（ICCPR）對於刑事被告的人權有詳盡具體的保障，雖然沒有直接廢除死刑，但傾向廢死並限縮死刑的適用範圍，則很明確。

廢死聯盟內部對於釋憲的方向與時機，有過不同的意見。其一認為應該直取「死刑違憲」的核心，因為大法官從未針對生命權做過任何解釋，而兩公約的施行，是台灣與國際人權標準接軌的第一步，應該藉著這個時機提釋憲；釋憲的目標是廢除死刑。其二對於大法官做出死刑違憲解釋的可能性感到悲觀，擔心高調的做法會誘發執刑的壓力，傾向於按兵不動，等待時機針對現行死刑制度的缺失提起釋憲；釋憲的目標不是廢除死刑，而是改進死刑。

二〇〇九年底，兩種意見的釋憲案都寫好了，由釋憲律師團李念祖、顧立雄、高涌誠、翁國彥、林志忠、王寶蒞和高榮志合力完成。大家對出手時機與標的尚未達成共識，鄰國已經傳來壞消息。二〇一〇年二月，韓國的大法官做成解釋：死刑並不違憲；而死刑制度的存廢，應由國會公開討論後決定。此解釋一出，對於台灣的釋憲之路又投下一個問號。我們的大法官會比韓國的大法官更有勇氣嗎？韓國在一九九六年以七比二判決死刑合憲，二〇一〇年已是二度叩關，結果五比四判決死刑合憲，說起來是朝向廢死穩定前進。台灣似不具備這樣的條件，也沒有人對大法官有超乎韓國大法官的信心。

還來不及評估韓國效應對台灣釋憲之路有什麼意涵，更大的震撼彈已經在台灣本地爆炸。國民黨立委吳育昇數度激情質詢（雖然我們對於他的另一種激情記憶猶新），逼問法務部長王清峰為何不執行、怎能不執行；這招「品牌再造」的政治操作頗受媒體歡迎，一夜之間，死刑議題忽然成為頭版要聞了。

主流論述大略是：死刑尚未廢除，法務部長不執行，就是違法失職，所以王清峰必須重啟執行，要不就下台。靜宜大學黃瑞明教授更為文指稱，王清峰已觸犯刑法第 127 條，「有執行刑罰職務之公務員，違法執行或不執行刑罰者，處五年以下有期徒刑」，應由地檢署與監察院主動偵查了解。

刑法第 127 條隨後被不斷引用為法務部應當「依法執行」的理由，但此說最大的問題是，法務部長不是執行刑罰職務的公務員，這一條與法務部長的權責，風馬牛不相及。刑法第 127 條規範的是檢察官與監獄官，因為他們才是刑罰的執行者。「依法執行」的說法，竟然基於對法條的誤解誤用，堪稱滑稽。

從相關法律綜合觀之，其他刑罰都是判刑確定以後直接由檢察官執行（刑訴第 456、457 條），唯獨死刑必須多一道「法務部長令准」的手續（刑訴第 461 條）。令准以後，檢察官除非有理由，否則必須於三日內執行，可是法務部長應於判刑確定後幾日內「令准」，卻刻意留白，沒有規定。而刑法第 84 條明定，死刑的行刑權為四十年。那麼，法務部長只要在四十年之內行使其核准死刑令的職權，就沒有違反任何法律。

換言之，刑事訴訟法的立法精神，並不認為法務部長只是一個執行死刑的橡皮圖章，法律留白之處，部長即不無審酌的空間；刑法則規範他審酌的時間以四十年為限。

這個審酌不見得是「第四審」，因為法務部長是為國家法務政策負起責任的人，他不是法官；他的審酌理由未必是法律的，而也有可能是政治的。例如說，因為廢除死刑是經政府明確宣示的既定政策，前總統陳水扁、前法務部長陳定南、乃至現任總統馬英九，均曾經公開、明白的表示，廢除死刑是國家的目標。可以預見地，當這一政策終獲落實的時候，死刑犯將依法改判，則國家無權再執行死刑。

在這些考量之下，法務部長暫不簽發死刑令，才是「依法行政」。相反的，如果法務部長一邊說廢死是既定政策，一邊又把人拖上刑場槍決，就好像某甲明知某項資產即將被法院查封，於是趁著自己還能處分的時候趕快先賣掉。於個人行為，這叫脫產；由行政首長來做，則是濫權了。黃瑞明教授的「王清峰瀆職論」，不是就法言法，而是「包青天」看太多，理所當然的以為判了死刑就應立刻執行，「斬立決」是也。

當死刑議題在台灣發酵的時候，廢死聯盟的工作團隊正在日內瓦，參加世界反死刑聯盟第四屆大會。隔著整個歐亞大陸，兩端的場景呈現荒謬反差：那一頭，國際社會對於台灣推動廢除死刑的成就感到欽佩，期望台灣成為亞洲廢死運動的領航員；這一頭，卻已雷電交加，大雨滂沱。事已至此，釋憲不能再等了，三月十一日，廢死聯盟遞進一份釋憲補充理由。當天晚上，政治壓力已經擋不住，法務部長王清峰宣布辭職。

「最近廢死議題的風暴逼的一位好部長下台，這應是您們和我們這些死刑犯不願看到的結果，我認為王部長應執行我們這四十四位來平息這場民怨的，因接下來政府也是打算這麼做的，那倒不如由她來做，等執行完她再來推動廢死就不會受到這麼大的阻力了，而現在可能要由貴聯盟從頭再努力了，不過或許等我們這四十四位都被執行後，能加快您們推動廢死的腳步，雖然我看不到了，但也在此祝您們早日成功達成您們的理想。」

「執行長，很對不起我不懂法律也不知如何給您和自己幫助，以下是自己的想法和意見（一）案發後都沒有現場模擬，跟判決內容差很大（二）案發中有三卷錄影帶，第一卷二卷三卷中的第二卷跟案情中比較重要，但，法院等全不見了（三）法醫的報告還沒出來時我就說出案情最後現場是大志相同，但法院判決不認同不相信也不一樣（四）被告密密正詞條文（五）我要求測謊案情中重要的關件從頭到尾都不肯」「執行長很對不起，我想這些因該沒有用吧！因為之前在庭上和法官說過了，但都沒有用所以如有想到比較好的意見在無信告知您，執刑長辛苦了！」（作者註：「被告密密正詞條文」是什麼意思，我也看不懂。「無信」應為「写信」之誤。錯字七枚，原文照引。）

王清峰一辭，鍾德樹又岌岌可危了，不知道新任部長會不會認定他的死刑令仍然有效？鍾德樹在第三審時有請律師辯護，刑訴第388條的釋憲案，他並不在聲請人之列，所以三月十二日又為鍾德樹遞了一份死刑違憲的釋憲。兵荒馬亂之中，鍾德樹的釋憲誤送了舊版。司法院竟然反應過當地召開記者會，宣布不受理。

這個對比實在太強烈了：二〇〇七年就送進司法院的合法釋憲案，大法官吃案三年一聲不吭；為了一個案子不受理，司法院竟然大聲鼓譟，引人側目。司法院藉機修理廢死聯盟，其意甚明。

情勢從來沒有這麼糟：王清峰下台以後，「肯簽死刑令」，就成了中華民國法務部長的徵才條件。黃世銘代理部長時，立委仍不斷逼問何時執行；待曾勇夫上任，更是磨刀霍霍。二〇〇九年底準備好的釋憲，就在三、四月之間陸續遞進司法院。高榮志律師交代他的當事人務必隨身攜帶司法院的一紙公文，證明他確已提出釋憲聲請。那蓋在紙上的官印，成了死囚的暫時保命符。

雖然釋憲案非常完備，但律師團對於大法官會議並沒有不切實際的期待。李念祖律師認為，最好的狀況是「受理而不處理」；廖福特教授則半開玩笑的形容這個有主觀合併又有客觀合併的釋憲案：「既然不能 convince 大法官，就 confuse 大法官！」

四．死亡之既遂與未遂

四月三十號的晚上，如同驚悚劇《24反恐任務》一般，時間被切割成一段一段。八點，聽說法務部將召開記者會。八點半，聽說即將執行四人。下一個消息是：「不是即將，是已經執行了。台中一人，台南一人，台北兩人。」執行長林欣怡很納悶，怎麼也拼湊不出這個名單，為什麼台北會有兩人呢？台北只有洪晨耀還沒有簽委託書啊。怎麼會有第二個人？

再下一個消息就是結局了：「張文蔚、柯世銘、洪晨耀、張俊宏。」

「諸位安好，或者感到錯愕吧你們，日前決了四位死犯，就像在你們臉上打了四個大巴掌，同樣的，當我一看到蘋果頭版時也嚇到講不出話來，臉色瞬間蒼白，心狂跳、手腳顫抖，因為世間唯『死』最能使人恐懼的了。」

「因為四名死囚的執行，似乎連帶貴盟亦成了眾矢之的！廢死之路好像不是那麼順坦；各位辛苦了！烏托邦還挺遠的。」

「林執行長您好，這次寫信給您是有關案子的事情，聽聞釋憲案可能會全數駁回，情況不是很好我知道，現在這條路走不通只剩下再審或非常上訴可行了。」

「其實我自己現在也很矛盾，想執行也不想執行，想執行是為了還被害者家屬一個公道，不想執行是因為我的爸媽，因為爸媽都希望我活下去，所以我現處於兩難，妳來信問我現有何想法或疑問可以寫信給妳，我是想請問執行長一個問題，假如釋憲通過留下我們的命結果改成終生監禁那麼我們的生命有何義意，妳是不是可以解答我這個問題？」（錯字二枚，原文照引）

根據死刑執行要點，只要死刑犯有聲請釋憲，法務部就不能執行，要等到釋憲有個結果才能動手；並且明文規定，這個查證與注意的責任，落在最高法院檢察署與法務部身上。

死刑犯們向司法院聲請釋憲，不過四十四個人裡面，有四個人沒有蓋章，所以司法院以正式公文承諾，五月三號以前把資料補齊即可。結果五月三號還沒到，法務部就忍不住動手，四月三十號就把四個死刑犯執行了！其中張俊宏已經簽署委託書並且寄出。另外三個人會不會在五月三日以前改變心意，誰知道呢？國家的左手承諾一個期限，右手卻在期限來臨之前就殺人，這等違法行政，嚴重辜負人民對政府的信任。

這隻殺人右手的驚人之舉尚不只此。法務部長曾勇夫接受時報週刊專訪時說：「休想以釋憲延命！」釋憲是司法院大法官會議的職權，旨在貫徹憲法的意志，當法律與憲法相抵觸時，宣告該法失效。這是國家的左手最莊嚴的任務，右手竟公然將之矮化為「延命」的手段，此語置大法官的尊嚴於何地？

不出幾天，司法院院長賴英照接受三立電視台訪問，他談到過去大法官會議已就死刑議題三度做成合憲解釋。主持人問他，「所以我們現在維持死刑制度，是不違憲的？」賴院長答：「是的。」死刑違不違憲，正由大法官會議獨立審查中，司法院長竟不迴避，而在媒體上出言評論，堪稱失格！

張俊宏的釋憲聲請，在五月三日補進了司法院。不過，相關首長急於政治表態，釋憲結果如何，並不難猜。五月二十八日，司法院決定不受理這些釋憲，並於說明中認定，張俊宏的釋憲聲請未於死刑執行前補簽名或蓋章，所以無效。是因為釋憲聲請人死亡，所以聲請無效嗎？非也！有一位民眾袁X瑋因為退休金給付問題聲請釋憲（會台字第9159號），但於大法官做成決定之前死亡；大法官可沒有逕行認定他的釋憲無效，而很殷勤地以正式公文（處大二字第〇九九〇〇一〇八一六號書函）通知袁X瑋的繼承人，問他們要不要繼續替袁X瑋聲請釋憲。兩相對照便很明白：大法官急急宣布張俊宏的釋憲無效，只是為了替法務部解套。

國家的右手逾越分際，無視於左手的職權，貿然殺人；孰料國家的左手也大方地配合，竟不捍衛自己的職業尊嚴，更遺忘了他對人民白紙黑字的承諾，來掩護那隻殺人的右手。在侵害人民權利一事上，行政、立法、司法三權，相敬如賓：立法委員炒作新聞，行政部門大開殺戒，司法部門巧為掩飾。這不是三權分立，而是犯意聯絡與行為分擔！

顏厥安教授在廢死聯盟的記者會上，批評曾勇夫的「延命說」：「在憲法秩序下，沒有『延命』的問題，只有『非法索命』的問題。每一個公民的生命權，本來就應該被保障。即使他被定罪，他還是公民的一份子，『命』本來就是基本價值。」對於釋憲不受理，他更表示沉痛，「這些大法官很多都是我們自己的同事，同學，師長；他們做出這樣的解釋，讓我覺得這到底是我們法學見解不同，還是我們根本不是同一行的，我們學的東西根本不一樣？」

大法官為什麼不受理？有人推測，是因為四十四個死刑犯綁在一起，大法官覺得壓力太大。但是二〇〇六年的釋憲案只有鍾德樹一人，大法官也不受理。另一種推測是，釋憲案在這個敏感時機才遞進去，大法官覺得被當作工具，所以不受理。但是二〇〇七年並沒有媒體關注，釋憲案就遞進去了，大法官全無動靜；會拖到二〇一〇年，不就是因為他遲不處理嗎？橫豎人多人少、早提晚提，只要大法官對憲政的尊重敵不過政治考量，結果就是不受理。令人不禁想起老羅斯福總統的名言：「連香蕉都比咱們的法官有骨氣！」

五．死刑制度總體檢

「執行長，我知道，我的日子因該也沒有多久了，我心裡有數，我怕在不跟您們大家說聲謝謝感恩就會沒機會了。」（錯字二枚，原文照引）

「可能最近自覺時日真的無多，可以寫就盡可能用力寫，戰至最後棋盤上只剩下一顆黑將了也好！就走上前，讓對方的紅帥隔江射箭。其實我棋力很低，很貪吃，吃來吃去對手已準備雙炮打我的將還不解，不過有時也真解不了，所以認輸的情況居多。」

外界以為釋憲是廢死聯盟阻止死刑執行的一個拖延手段，其實不然。釋憲案是廢死聯盟對於現行死刑制度的總體檢。藉由釋憲案，廢死聯盟指出兩點：第一，這個運轉中的殺人機器，仍有嚴重缺失：第三審沒有強制辯護，沒有言詞辯論，論罪與科刑程序沒有分離。第二，生命權僅能限制不能剝奪，死刑違憲。

釋憲案洋洋灑灑數十頁，關鍵字是「恣意」。ICCPR 第六條規定，「人人皆有天賦之生命權。此一權利應受法律保障。任何人均不得被恣意剝奪生命。」按國際人權法通說，「恣意」並不以「違法」為限，如果一個死刑判決不合乎比例、程序保障不周、沒有可預測性，或者缺乏公平性，都是違背 ICCPR 第六條。用 ICCPR 的標準來看，台灣的死刑制度是不及格的，因為它在實體上未能限縮適用範圍，在程序上亦未達周延嚴謹。刑訴第 388、389、289 條，是這部分的釋憲標的。

要談刑訴第 388 條，必須先談刑訴第 31 條。根據刑事訴訟法第 31 條，如果面對的是比較重的刑罰，則被告一定要有辯護人。這是保障被告的防禦權。但是刑事訴訟法第 388 條卻規定第三審的時候可以例外。換言之，刑訴第 31 條要求國家保障被告的防禦權，刑訴第 388 條卻讓國家於第三審時得以逃躲這個責任，侵害被告的防禦權。尤其是我們連民事的第三審都規定一定要有律師代理，那麼，事關重大的刑事案件，怎可在審判的最後階段忽然任被告暴露於國家強大的刑事追訴權之下，以脆弱之軀隻身應戰？

過去法界認為，第三審是法律審，有沒有辯護人並不重要，所以才以刑訴第 388 條取消國家強制辯護之責。這個「過去」，指的是民國二十四年，距今已經七十五年。四分之三個世紀過去，我們的刑事訴訟制度已經歷很多改革，例如，過去由法官主導案件的調查，但現在則要求法官「中立聽訟」，扮演裁判的角色，不再下場兼任球員。現行體制已不容許法官「身兼數職」。而且法官的職責，必須同時考量對被告有利與不利的事項，辯護人則以保護被告為職志；辯護人的角色，顯然不是法官所能取代。事實上，正因為第三審是法律審而非事實審，專業協助更為必要。如果第三審只需要法官英明就可以判了，被告不必有律師，那麼基於武器平等原則，最高法院檢察署是否應該裁撤？

刑訴第31條除了規定國家對於重罪必須給予強制辯護以外，還要求國家對於經濟與智識弱勢的被告，也提供強制辯護。刑訴第388條一舉取消這個國家義務，導致兩個問題：第一，未能積極面對貧富差距所造成的辯護品質差異，有損審判公平；第二，它沒有考慮到憲法第23條的比例原則。無期徒刑或死刑是對被告的極嚴厲懲罰，應當適用最嚴謹的訴訟程序。現行死刑制度並未做到這一點。

審判裡除了「論罪」——釐清被告究竟是否犯下這件罪行——之外，還有「量刑」——如果罪證確鑿，則此人該如何處置？我們的審判制度向來不重視量刑，法官認定被告有罪以後，判輕判重全由心證決定，但是缺乏制度規範的心證，不啻是黑箱作業。

自七〇年代迄今，美國聯邦最高法院屢次在判決死刑合憲時，確立量刑的重要性。在Gregg v. Georgia一案中，最高法院指出死刑必須符合三個條件才可能合憲：第一，在論罪之後，有獨立的量刑程序。被告有權提出值得憫恕減刑的因素，而陪審團如決定判處死刑，必須具體指出其犯行的加重因素。第二，需全盤考量被告的犯罪情節、習性與前科。第三，確保被告的上訴權，量刑部分必須通過上級法院的審查，以排除恣意的因素。到了二〇〇二年

Ring v. Arizona 一案，最高法院更進一步要求法院對於加重因素必須有超越合理懷疑的確信。

英國也以制度性的努力來確保重罪量刑的公平性。二〇〇三年，英國成立「量刑準則委員會」，明確規定量刑起點、量刑範圍與應考量的一般因素，並且對法官課以說明的義務。量刑不能再躲在法官自由心證的黑盒子裡了，而必須攤在陽光下檢視。也唯有這樣，上級法院才可能對下級法院的量刑做實質審查，在重罪案件中落實審級監督。

反觀我國現行訴訟制度，刑訴第 289 條含混將量刑與論罪熔於一爐，沒有獨立的程序；刑訴第 389 條則規定第三審以書面審理為原則，唯例外情形可以進行言詞辯論；客觀的量刑標準更付之闕如。法庭實務上，調查證據完畢之後，法官僅在形式上問一句，「對科刑範圍有沒有意見？」試問被告如果做無罪抗辯，他如何能對科刑範圍表示意見？被告如果一面跟法官說「我無罪，不是我幹的」，另一面又哀求：「懇請從輕量刑」，豈不自相矛盾？

量刑沒有獨立程序，造成被告無法充分行使防禦權。他有可能為了求取輕判而被迫認罪，也有可能堅不認罪而被認為秉性頑劣，反遭處重刑。即使是確實犯錯而真心悔罪的被告，在法庭實務上，也多半沒有機會舉證自己值得憫恕之處。第三審沒有言詞辯論，更進一步剝奪被告提出減刑因素的機會，也讓量刑更添神秘色彩。即便被告提出減刑因素，法官是否確已審酌？又依什麼理由不予採信而仍判處極刑？法官不必說，也沒人知道。

「每個人都有未泯滅之人性是沒錯啦！但這是對於窮凶極惡者而言。我的想法是平常人身體裡面住著『禽獸』，偶爾伸伸爪牙搧搧翅膀，咆哮嘶吼一番，不是有很多以動物來形容人類行為的詞句嗎？狐狸精、母老虎、豬八戒……不勝枚舉耶！所以我才會在高院法庭上對審判長陳述最後意見時，大著膽子胡裡胡塗說了類似以上的話，審判長則直覺把我說的比喻當成了『人面獸心』這句更嚴重的評語加在我身上，結果就是死刑啦！」

「在所中投稿也拿過兩張獎狀，很不容意喔！一年內有五次投稿，要連續四次被刊登出來，才可拿到喔，我在信後有寫一篇文張，是我犯錯後到現在內心裡的心聲也被刊登出來，我想這些因該是沒什麼用吧！因為在外面的人是看不出我們這些罪犯的回改，我不敢說大家和我一樣，但自少有很多吧。」——（錯字五枚，原文照引）

量刑是死刑制度的核心問題，但是在現行訴訟程序裡徒具形式，沒有實質辯論；到了判決書裡，亦徒具形式，沒有實質說明。法官常用的成語不外乎「罪無可逭」、「人神共憤」、「罪大惡極」、「泯滅人性」……，最後來一句「無教化遷善之可能」，或者「需與社會永久隔離」，就判死刑了。一份死刑判決裡，量刑部分可能僅短短兩三行。

這樣的死刑制度，與他國相較，相去何止以道里計！沒有具體程序、沒有固定標準、法官不負說明義務、上級法院自然也無從審查適當與否；幾句成語如積木一般，堆疊成一座斷頭臺。

大法官們對於「偏重論罪、忽略量刑」的審判實務，並非一無所知。二〇〇六年第1295次會議作成的會台字第8282號不受理決議，大法官就曾明示，刑訴第289條所指的「法律辯論」應該包括對於量刑的陳述或答辯。此語可視作大法官對於行政、立法機關及普通法院的溫柔提示，可惜言者諄諄、聽者藐藐：司法院並未提出任何修正刑事訴訟法的草案，立法院也不關心；普通法院在審理上也因循陳規，照樣把量刑當作虛晃一招的儀式。因此這次的釋憲案特別提醒大法官，溫柔提醒已被證實無匡正司法流弊之效，這次大法官實在有必要正式宣布刑訴第289、389條等相關法令，已經違反了

ICCPR 第六條，「任何人均不得被恣意剝奪生命」。

可惜言者諄諄，聽者藐藐！大法官還是最省事的給出「程序不受理」，但是不受理決議裡，卻全是實體理由，真是自相矛盾。大法官的不受理決議，最令人遺憾的有幾點。第一，關於刑訴第 388 條強制辯護的問題，大法官認為國家沒有限制被告請律師，貧窮的被告可以申請法律扶助，國家已經提供了免費辯護的機會，責任已了。對於釋憲案所提 ICCPR 的人權標準，大法官置若罔聞。

根據兩公約施行法第 3 條，「適用兩公約規定，應參照其立法意旨及兩公約人權事務委員會之解釋。」而人權事務委員會二〇〇七年所發布的第 32 號一般意見書（General Comment）第 38 點明白指出：「在死刑案件中，被告應於訴訟全程均得到律師的有效協助。」ICCPR 對國家義務的要求是：在死刑案件上，要「全程強制辯護」。刑訴第 388 條允許第三審無辯護人，自與 ICCPR 相抵觸。然而大法官一來不處理這個法律的扞格，二來不參照人權事務委員會的解釋，直接將國家義務從「全程強制辯護」降級為「提供免費辯護的機會」。

第二，關於刑訴第 289 條量刑程序未分離、未對法官課以說明義務，大法官認為現制已經給予被告陳述與辯論的機會（這一段很省事的直接抄襲1295次會議的8282號不受理決議），這樣就夠了。至於實務上偏重論罪而忽略量刑、刑訴第389條沒有言詞辯論，以致死刑淪為「恣意」剝奪生命、違反ICCPR，大法官再次置若罔聞。

在這次的釋憲中，廢死聯盟與大法官兩造，出現了非常幽默的對話模式。廢死聯盟的釋憲案論道：「雖然現在有某一法條的保障，但是還搆不上ICCPR的標準，所以請大法官解釋。」大法官的不受理決議則一律回道：「現在已有某一法條的保障。」然後就沒了。釋憲聲請彷彿在對一堵牆講話，只有第一句有回音，但僅是無意義的重複，好像養了一隻鸚鵡。第二句以下的論證，則連回音也無，徒留一片虛茫。

以上的論點，目標都不在「廢除死刑」，而在「改進死刑」，只是很卑微的要求修補這部殺人機器程序不完備之處，限縮死刑的適用範圍。即使釋憲受理並且做出違憲解釋，其結果也不是廢除死刑，而是讓既有的死刑定讞個案回到最高法院，按照比較嚴謹的程序把三審再走一遍罷了。大法官卻抗拒得好像這個釋憲會動搖國本似的。

直取廢死核心的是釋憲的第二部分，引用憲法第7條平等權、第15條生存權與第23條比例原則，來論證刑法第271條殺人罪違憲。保障國民的生命權，是國家存在的主要任務。生命是「目的」，國家社會的安定是保障生命的「手段」。死刑制度卻倒過來，變成是取人性命來成就國家社會的安定，把「目的」給犧牲了，來成就「手段」。用死刑來懲罰重大罪犯，目的固然正當，但手段卻過當，因為尚有其他刑罰可以替代死刑。對於這一部分，大法官的不受理決議保持詭異的沈默，毫無回應。

釋憲案對於ICCPR所說的「恣意」做了很細膩的法律解釋，大法官似乎仍無法了解「恣意」的含意。但是他們不知亦能行，從擱置釋憲案長達三年、給出實體理由但卻程序不受理、對國家義務限縮解釋、漠視ICCPR，到忽略「死刑違憲」的論證，無一不「恣意」。廢死聯盟在釋憲案裡論證：缺乏正當法律程序，就構成「恣意」；回顧大法官不受理此案的種種作為，正為這個論點留下完美註腳。

六・司法虛無主義

受人敬重的資深媒體人王健壯，認為大法官的不受理是司法極簡主義（judicial minimalism，王健壯原文稱為「司法最低限度主義」）。王健壯提出幾個論點：第一，大法官選擇不對死刑存廢問題表態，這一「不作為」背後有著促進民主的苦心。第二，以美國聯邦最高法院為例，自七〇年代以降，大法官們就只對死刑做一些消極的限縮，而遲遲未宣布死刑違憲。司法極簡主義在美國聯邦最高法院的運作十分成功，因為各州果然陸續修法改進死刑。第三，大法官身掌司法權，應留必要空間給行政與立法權，三權分立的界線不宜輕易跨越。台灣大法官不受理這項釋憲，是蘊含著對於行政與立法兩權的深切期待。

要評論大法官的不受理是否適當，必須先問，廢死聯盟提了什麼樣的釋憲案。如前所詳述，廢死聯盟如實地指出現行法律與兩公約扞格之處，要求大法官解釋，而這本來就是大法官職責所在，就像狗要看門、貓要抓老鼠一樣。提出「司法極簡主義」概念的美國憲法學者凱斯・桑思坦（Cass Sunstein）在書中指出，一九九六年 Romer v. Evans 一案頗具極簡主義風格，但該案正是聯邦最高法院判定科羅拉多州的州憲法增修條文因為違反聯邦憲法而無效。無論極簡不極簡，大法官解釋法律衝突的責任，是無可迴避的。

七〇年代以降美國大法官對於死刑大致採取修正主義的態度，對於程序上嚴謹的死刑法律認定合憲，判刑標準恣意浮動的，則認定違憲。如果說美國的大法官扮演了一個把關的角色，使得美國的死刑制度得以改進，應不為過。然而這就是台灣大法官裹足不為之事：釋憲案要求基於比例原則，對於剝奪生命權的死刑判決，至少要拉高對程序正當性的要求，而大法官回以程序不受理。

美國大法官對死刑制度的修補，是否已經功德圓滿？恐怕有待商榷。目前為止已經有鮑威爾（Lewis F. Powell, Jr.）、布雷克蒙（Harry Blackmun）與史蒂文斯（John Paul Stevens）三位大法官，於退休前後公開表示後悔支持死刑制度。因為他們看到，幾十年努力下來，死刑判決裡仍然充滿了恣意、歧視與錯誤，再怎麼改進也不能合憲。

司法極簡主義，如果用最大的善意去理解，是一種司法自制：司法部門對於自身民主正當性的侷限有所認識，因此謹守分際，避免與民選的政府部門起衝突，以利憲法與民主的良性互動。這個原則並不壞，遺憾的是，此次死刑釋憲案的不受理，並不是這一原則的實踐。死刑釋憲案並未要求大法官狗拿耗子，而僅僅是要求他履行憲法義務；然而台灣的大法官竟然認為，死刑程序未臻嚴謹、法律互有扞格，不關他們的事。在輿論關注下，大法官一心避禍，何來維護民主的苦心，或者「喚醒立法與行政權對廢死與否應有的作為」？

這不是「司法極簡主義」，而是一則狗不看門、貓不抓老鼠的失職演出。痛心之餘，名之曰「司法虛無主義」，是司法人員對於司法價值與職責的自我否定。海德格談虛無主義的一句話，在這裡恰好合用：「如此的『存有』，一無所有。」

七·明日當我執行時

自從重啟執行以後，死刑及相關的公共議題立刻退燒，不再有政策建言與思考了，媒體的熱門話題是下一波殺戮名單、錄取標準與放榜時間，甚至於，為什麼要事先麻醉讓他們死得那麼痛快……。釋憲不受理以後，曾經有的「死刑宜慎不宜廢」也消音了，看守所裡倒進行著一場又一場「死刑犯宜

『腎』又宜『肺』」的遊說工作——在某些人眼中，器官捐贈是死刑犯最後的救贖；在某些人眼中，四十個死刑犯等於四十對眼角膜、四十對腎臟、四十個心臟的器官培養皿。

死囚們各有各的打算。大部分的人跟先前一樣，採取雙管齊下的策略：一方面不放棄救濟途徑，另一方面務實地為自己準備後事。

「執行長：您為我請的律師有來看我了，也談了一些事情，問我一些事情如下：（一）律師問我，執行長和大家有沒有用行政赦免訴送，（二）律師問我，執行長和大家有沒有用行政人權兩公約訴送，我答不知道，律師要我跟執行長說，網行政方面走，法律上比較不行了。」（錯字四枚，原文照引）

「即使到了現在，我仍不斷的大量閱讀各類書籍，學習新的事物，例如：寫書法，這是目前我的『新作業』，並不停鍛鍊身體；也許說不準那天夜裡，我就將被拖去『打靶』了；但萬一那天我真能活著走出監獄大門，那麼，強壯的身體，足夠的知識將是確保我生活無虞的本錢，萬一被槍斃了，我也對得起受贈者『我簽了器捐同意書』至少讓他們有個狀況頂好的"新零件"可換。」

「總之死並不太可怕，像個遊魂才難受。被打掉了，哭一哭，埋一埋，兩三天後還不是一樣要上班上課？而且我本身又不曾砍什麼櫻桃樹，也沒去小溪看魚往上游，更不在七十二烈士、五百完人的名單中，有的，只是法院檔案中：某某某，男，籍貫，出生年月日、身分證字號，因犯刑法第二百七十一條罪行重大應與社會永久隔離，故判處死刑……中國民國年月日。

一生至此而止。」

高涌誠律師去見鍾德樹，帶回一個口信。鍾德樹對廢死聯盟的成員表示敬意和感激。高律師轉述鍾德樹的話：「我不怕執行，只是希望各位理解，我真的不是壞人。當我被執行時，我會把所有的惡帶走，把幸福跟快樂留給各位。」

媒體的廢死觀點

一．忽必烈的難題與出路

在卡爾維諾的《看不見的城市》裡，忽必烈是一個有點憂鬱的君王。名義上他擁有整個韃靼帝國，但是他卻不知道自己究竟擁有什麼。他的臣民是些什麼人？他們過著什麼樣的生活？忽必烈什麼也不知道。所以忽必烈需要馬可波羅，一個據稱曾經走過大江南北的威尼斯商人；忽必烈腦子裡有很多問號，而他覺得馬可波羅可能有答案。

忽必烈與馬可波羅，是現代媒體環境的絕佳寓言。我們都是忽必烈，世界如此遼闊，即使我們伸展雙臂也無法環抱掌握，我們需要一個馬可波羅來告訴我們，外面發生了什麼事。媒體就是馬可波羅。馬可波羅不只是客觀地把訊息傳遞給忽必烈而已；日子一天一天過去，忽必烈赫然發現，馬可波羅藉由「講故事」，已經深深地影響了他的世界觀。萬一馬可波羅根本就是個別有用心的騙子呢？

馬可波羅不一定是騙子，而忽必烈的難題是，他就是不可能親身經驗每一件事情、親自踏遍每一吋土地。全面拒斥馬可波羅，對於忽必烈似乎沒什麼好處，除非他想遁回無知的黑暗之中。

這也是我們的難題：誰能夠不透過媒體而了解社會呢？

忽必烈的出路是：檢視馬可波羅的陳述，不再當被動的閱聽人、對媒體訊息照單全收，而要當主動的公民，負起分析與判斷的責任。要分辨馬可波羅的實話與謊言，洞見與偏見；要思考馬可波羅說的對不對，更要自問，馬可波羅沒說的是什麼？

這也是我們的出路：批判性地檢視媒體，以便進一步了解社會。

二・新聞框架

為了了解媒體如何處理廢除死刑的新聞，我回顧了今年二月至六月的四份報紙，《中國時報》、《聯合報》（含《聯合晚報》）、《蘋果日報》、《自由時報》。

與死刑相關的新聞，四報依序分別有九十七、一百四十三、四十四、一百四十則，共計四百二十四則。我分析媒體報導時，主要是看這則報導使用了什麼樣的「新聞框架」（news frame）。

「框架理論」是一個討論媒體效應時常用的方法。傳播學向社會學借了不少概念，「框架理論」也不例外，是向社會學家Goffman借來的。「框架」，就是一個新聞事件的脈絡[1]。同樣一個新聞事件，放在不同的脈絡裡，會給讀者全然不同的感受，進而誘使讀者做出南轅北轍的詮釋與理解。

比如說，二〇〇九年八月八日，莫拉克颱風來襲。這是客觀事實。甲媒體可能會說：「這一天的單日降雨量，是二十年來所僅見；莫拉克颱風帶來的總雨量，也創下新高。」然後據實報導全台各地的災情。這樣的新聞處理，令人覺得八八風災是個天災。

但乙媒體卻可能報導全台災情以後說：「綠營執政時，政府因為八掌溪事件應變能力不足，導致行政院副院長去職，以示負責。現在藍營執政，應變能力卻一樣低落。」這就暗示了政府對此事應負起政治責任，八八風災被呈現為人禍。

甲、乙媒體不見得會在新聞用語上違反價值中立。甲媒體不必開口說

「馬政府沒錯」，但新聞處理已經實質上為政府撇清了責任；乙媒體也不必明白寫「這次誰要下台」，但新聞處理已經實質上認定了政府有過失，必須負責。這就是「新聞框架」的威力：他未必直接告訴你八八風災是天災還是人禍，他只要提供相關的資訊，並且將此事放在天災的脈絡裡，這事情看起來就像天災；換另一組資訊、放在人禍的脈絡裡，這事情看起來就像人禍。「新聞框架」並不明白告訴你結論，但替你鋪好了路，通向某個結論。或者如 Michael Stohl 說的，"It may not tell you 'what to think', but 'what to think about'."[2]

自覺或不自覺，我們每天都在用「框架」。「框架」不可能擺脫，也糊糊地受人影響而不自知。分析媒體的「新聞框架」的目的，是揭露與

1 Yioutas & Segvic 引用 Tankard 等人的看法認為，「框架」是新聞報導的核心概念，「藉由揀選、強調、排除、申論，而提供事件的脈絡，並暗示了事件的本質」。見 Yioutas & Segvic (2003), "Revisiting the Clinton/Lewinsky scandal: The convergence of agenda setting and framing", in Journalism and Mass Communication Quarterly, 80(3), pp. 567-582. 關於框架理論的中文著作參見臧國仁（1999），《新聞媒體與消息來源》，台北：三民書局。

2 見 Michael Stohl 於丹麥新聞學院（the Danish School of Journalism）的演講，2006 年 9 月。Michael Stohl 編有 *The Politics of Terrorism*, 1988, NYC: CRC Press。

釐清那些「弦外之音」，提高閱聽人的覺知。我們最後仍然會帶著某些「框架」來思考死刑議題；但在那之前，我們要先停下來問一問：媒體用了哪些框架？媒體沒有用哪些框架？哪些框架不應被忽略？如果換一個框架，會不會影響到我們關於死刑的思考？

三．風暴之一——王清峰下台

回顧二〇一〇年的廢死爭議，我所蒐集到的第一篇報導是二月一日的《自由時報》，一出手就很驚人的說，法務部將在民國一〇〇年十一月廢除死刑。文中並提到，台灣已經四年沒有執行死刑；白冰冰對此很不滿，想要去考法警以便親手執行死刑[3]。法務部立刻發新聞稿澄清，原來「民國一〇〇年廢死刑」的說法全屬誤會，自由時報記者以為民國九十八年施行兩公約、而兩公約有個兩年內修正相關法令的期限，就逕自宣布民國一〇〇年要廢死刑。這一類的想當然爾、缺乏根據、遽下結論、不加求證、完全違背事實的「新聞報導」，於整個死刑存廢的風波中，隨處可見，下文將擇其要者澄清。

二月一日、二日是廢死風暴的序曲，二月二十四日則有國民黨立委吳育昇質詢的新聞。三月九日深夜，法務部長王清峰發表〈理性與寬恕〉[4]一文，表達其立場為「停止執行死刑」。由於時間已晚，三月十日的報紙很可能是因為來不及，記者僅能發稿寫個摘要，而未及配合其他採訪或評論；不過，對於司法議題相當敏銳的《聯合報》，將這篇文章的摘要放在頭版。三月十日，王清峰接受電視採訪時說，任內不會執行死刑，並且願意為死刑犯下地獄；當日《聯合晚報》以最顯著方式處理這條新聞，三月十一日的日報均大幅報導。三月十一日，白冰冰、陸晉德及多位立委舉行記者會，對於王清峰及其廢死政策表達嚴厲的批評，是日深夜，王清峰便辭職獲准。一直到三月十三日，死刑相關新聞都佔據了主要報刊的重要版面。

在這段期間裡，媒體處理廢死議題的主要框架是「政治框架」：王清峰身為法務部長、一個政治人物，她推行政策的理念何在？這個政策合法嗎？她推動的手法圓融還是生澀？為了推動廢除死刑，所以暫不執行，此舉是否違

3 《自由時報》，〈反對廢死刑 怨正義不彰 白冰冰想考法警 專斃死刑犯〉，2010年2月1日，記者項程鎮、陳佩伶、楊金城、鄭淑婷，B1版。

4 三月十一日該文於《蘋果日報》刊登，題目與內文均改成「理性與寬容」。

法？她的個人特質、做為政務官的政治評價如何？她是否得到長官的支持？是否得到同黨政治人物的支持？以及最重要的，她是否得到民意的支持？

在「政治框架」裡理解廢死議題，「民意」便成為一個至高無上的衡量標準。因此「政治框架」相當程度上也幾乎等同於「民意框架」，反對王清峰最力的，是以白冰冰為代表的被害人家屬。三月十一日的《聯合晚報》標題就是「部長的寬容 vs. 家屬的眼淚」，整個版面構成，以王清峰與白冰冰的側面各據一方、遙遙相對，清楚表達出雙方對立的態勢[5]。白冰冰也明確的說，如果馬政府堅持廢除死刑的話，「五都不用選了！」此語在一定程度上造成國民黨中央與民代的焦慮，府院高層很快便選擇屈服於民意，以免選票流失。

某些使用「政治框架」的報導，將廢死爭議完全聚焦於王清峰個人，甚至毫不保留地報導對於王清峰的人身攻擊，包括：沽名釣譽、丟臉、戀棧、假慈悲、白目[6]等等。主流媒體門戶洞開，沒有底線，例如《蘋果日報》引用PTT實業坊的網友意見，shouri說「應該立法：公開主張廢止死刑者，應處唯一死刑」；qoo4326說「將死刑犯轉化成實驗品，許多醫療研究都能獲利，如國光疫苗」[7]。網路上沒有「守門人」，網友隨一時的心情發表仇恨言論，不負言責；主流媒體有專職的記者編輯，卻引述、散布仇恨言論，而不守門。

其中，《自由時報》常有措辭偏頗之處，例如這則報導：「法務部長王清峰日前更曾經露骨的表示，『未來執行死刑的可能性不高』[8]。」政務官明確陳述所轄部門的政策，記者竟以「露骨」一語形容。

同報記者鄒景雯評論說王清峰「投書泣訴」，「一書、二哭、三鬧」，「語無倫次、歇斯底里」[9]，更是完全背離事實。〈理性與寬容〉一文可視為法務部長的政策說帖，而這幾日來王清峰在媒體上的表現，縱有低迴黯然的時刻，但仍不失莊重自持。媒體工作者如此踐踏自己的專業尊嚴，真應了該文標題：「膛炸自傷」。《蘋果日報》稱廢死風暴為王清峰與白冰冰「兩個女人的戰爭」[10]，《自由時報》批評王清峰是「婦人之仁」[11]，這些性別刻板印象，更進一步模糊廢死議題的公共性。

5 《聯合晚報》，2010年3月11日，A3版。
6 《聯合報》，2010年3月12日，記者楊湘鈞、程嘉文、林河名、林新輝，A2版。
7 《蘋果日報》，2010年2月2日，A6版。
8 《自由時報》，2010年2月1日，記者項程鎮、陳珮伶、楊金城、鄭淑婷，B1版。
9 《自由時報》，2010年3月12日，〈不時膛炸自傷的政府〉，記者鄒景雯，A4版。
10 《蘋果日報》，2010年3月11日，〈王清峰：願為死囚受死刑〉，A12版。
11 《自由時報》，2010年3月11日，〈誰在乎妳下地獄？〉，A2版。

四．風暴之二——鍾德樹案

三月二十六日，大法官會議宣布不受理鍾德樹的釋憲案，因此隔天的報紙紛紛大篇幅報導鍾德樹案，並預期他很可能成為重啟執行的第一人。四份報紙均回顧鍾案的犯罪過程，二〇〇六年批了死刑令卻未執行，以及他的三度釋憲。結論也都為法院判決的正確性背書，並且將釋憲視為一個拖延戰術。

鍾德樹案的爭點之一在於他究竟有沒有點火。他從第一份警詢筆錄就說他沒有點火，現場也確實沒有找到點火器。如果依照無罪推定原則，縱火罪能否成立，不無疑問。《聯合報》報導，「法官根據消防局鑑定報告，認定現場沒有其他火源，且無人抽煙，確認鍾德樹縱火，判他死刑[12]。」法官的意思是，既然找不出別的火源，那不是你是誰？如此「有罪推定」，媒體照樣買帳。

鍾案的爭點之二是縱火僅屬間接故意，為何量處死刑？量刑是死刑的核心問題，但媒體僅敘述案情，強調「罪證確鑿」，然後就此打住，彷彿判處死刑是不證自明之事。事實上，無辜者入罪是誤判，輕罪重判也是誤判；只說此人犯下此案，尚未能完整論證死刑判決的合宜，但沒有任何媒體質疑量刑合理性的問題。

關於二〇〇六年鍾德樹死裡逃生的過程，媒體同樣呈現出對於政府部門的全然信任，毫不查證，錯誤百出。《中國時報》說，「最高法院九十二年八月七日，判決鍾德樹死刑定讞後，用盡了各種救濟管道都無效後，當時的法務部長施茂林才在九十五年十一月卅日令准他的執行命令[13]。」如〈廢死釋憲的折返跑〉所詳述，「閱卷不是被告律師為了拖延執行而匆忙捏造出來的藉口，而是一個早已提出但不斷被官方漠視的合法要求。」那時候定讞的死囚處在一種無卷可閱的狀態，根本無法進行法律救濟。鍾德樹請獄友幫忙提過兩次非常上訴，但既不專業又沒有卷證，當然沒有下文。鍾案不是「用盡了各種救濟管道」；在無卷可閱的狀態下，制度上的救濟管道全部「此路不通」。

《蘋果日報》說施茂林「批准執行令，卻暗助釋憲阻槍決[14]」，也是疏於查證、倒因為果。施茂林准許鍾德樹的律師閱卷、因此無法執行死刑，那是因為這些死囚的律師從二〇〇六年三月開始就一再要求閱卷！《蘋果日

---

12 《聯合報》，2010年3月27日，〈練餓功很能躲　買毒才被逮〉，記者呂開瑞，A10版。

13 《中國時報》，2010年3月27日，〈國際施壓　死裡逃生三年多〉，記者郭良傑，A4版。

14 《蘋果日報》，2010年3月27日，〈鍾德樹死刑案大事記〉，《蘋果》資料室，A6版。

報》又說，鍾德樹三次釋憲都以「死刑、三審無律師辯護違憲」為理由[15]，更是錯錯錯。鍾德樹的第一次釋憲，講的是量刑程序沒有獨立的問題；第二次釋憲，提死刑違憲；第三次釋憲，廢死聯盟已經說明，是誤送了舊版。《蘋果日報》誤將三次釋憲當作同一理由，難怪接下來錯誤推論說釋憲只是重覆的技術干擾。《自由時報》也一樣，只強調鍾德樹的律師在最後一秒閱卷[16]，但絕口不提從二〇〇六年三月就開始要求閱卷的公文往返。《自由時報》另說大法官不受理這一釋憲的理由是因為他們認為死刑並不違憲[17]，這也是錯的，大法官說釋憲聲請「尚難謂已客觀指摘該規定有何抵觸憲法之處」[18]；正確的解釋是，如果能夠客觀指出死刑違憲之處，大法官並非不可能受理。

當然，《蘋果日報》及其他媒體可能感到冤枉，因為「三次釋憲皆為同一理由」並不是記者憑空捏造，他們只是忠實報導官方說法。司法院發布的新聞稿說：「大法官指出，聲請人曾在九十五年十二月六日、十四日針對同一個最高法院判決，以相同的理由二度聲請解釋」，「這次聲請人重複的以同一事由三度聲請」[19]；但是記者只要看看前兩個不受理決議[20]就可以看出來，那兩個釋憲聲請的理由明明就不一樣。司法院誤導媒體固不足取，但是媒體的天職不就是發掘真相，而記者的基本功夫不就是查證？媒體這麼容易被政府唬攏，斲傷的還是自身的公信力。

鍾德樹的律師要閱卷，是超過八個月的公文長跑，媒體卻將前面的足跡完全抹去，把馬拉松寫成半路殺出程咬金。媒體在有疑處不疑，替法院擔保判得對、判得好；替法務部叫屈，想執行卻被阻撓；誤解釋憲案，又誤解大法官的不受理決議；這些全部加總起來，就成為廢死釋憲的新聞框架：「拖延戰術框架」。正因為被視為拖延戰術，所以很弔詭地，媒體雖不斷提及「釋憲案」，但對於死刑究竟合憲還是違憲，完全沒有探究的興趣。「憲政框架」，也是討論死刑的有效、切題、合宜且重要的框架，但卻從未被提出。本文稍後將再詳細闡述此一框架及其重要性。

---

15 同上註。

16 《自由時報》，2010 年 3 月 27 日，〈釋憲拖延死刑　錢漢良：爛招數〉，記者楊國文，A21 版。

17 《自由時報》，2010 年 3 月 27 日，〈死刑犯鍾德樹釋憲　大法官不受理〉，記者項程鎮、劉志原、楊國文，A1 版。

18 司法院大法官會議第 1353 次會議記錄，2010 年 3 月 26 日。

19 司法院新聞稿，2010 年 3 月 26 日。

20 大法官第 1295 次會議，2006 年 12 月 8 日；大法官第 1297 次會議，2006 年 12 月 29 日。

五．風暴之三——重啟執行

四月八日，許多報紙大幅報導一則駭人聽聞的社會新聞：一名女子涉嫌謀殺母親、丈夫與婆婆以便詐領保險金，遭檢方求處三個死刑。這件事情立刻與死刑存廢問題連在一起，為接下來的死刑新聞定了調，就是用「重大犯罪框架」來討論死刑。檢察官在起訴書裡表示，「雖然目前廢除死刑聲浪很大，但林女殺害三名至親，秉性兇殘、手段殘酷，已泯滅天良，非執行死刑不足以實現理性正義[21]。」《聯合報》也報導，「由於最近死刑存廢引發關注，南投地檢署相當慎重，曾內部討論是否求處死刑；多數檢察官仍認為，林于如的犯行若只求處無期徒刑，實在不符社會懲奸除惡的期盼，因此仍求處死刑[22]。」

四月十七日，《自由時報》藉著一個無期徒刑定讞的殺人案，訪問了律師與被害人家屬，他們認為殺人不判死刑，會助長犯罪[23]。記者訪問的律師陳博文不是辦該案的律師，被害人家屬陸晉德也不是該案的被害人家屬；《自由時報》將「重大犯罪框架」發揚光大，已經不只是「被判死刑的都是罪大惡極所以該死」，而且更進一步：「判無期徒刑的也惡性重大，應該判死刑」。

四月三十日，法務部一舉執行了四名死刑犯，掀起了另一波新聞熱潮，從五月一日至五月四日，報上隨處可見死刑犯的巨幅照片，有的死了，有的快了。各報都回顧了四名死刑犯的罪行，訪問死刑犯家屬或被害者家屬，詳細敘述執行過程；更熱門的當然是預測下一批錄取名單。廢死聯盟出示張俊宏親筆簽名的授權書，抨擊法務部違法執行，四個媒體都小幅報導。《中國時報》報導，「法務部向司法院調閱資料，發現張俊宏等四人釋憲案，是由律師代為提出，並無四人用印正式委任，釋憲程序不合法，遭大法官會議駁回[24]」，是嚴重的錯誤。法務部的執行之所以違法，就是因為他不等大法官對釋憲案做出受理或不受理的決議，就搶先執行。張俊宏等四人被執行時，大法官會議根本還沒就釋憲程序的合法與否做成任何決議。《聯合報》則說，張俊宏的委任狀二十八日才寄到廢死聯盟，而曾勇夫二十八日已經簽了死刑令，所以「慢了一步[25]」。法務部這個解釋明明沒有道理：根據死刑執行要

---

21 《蘋果日報》，2010年4月8日，A1版。

22 《聯合報》，2010年4月8日，〈驚世媳婦林于如求處死刑 祖父：這才有天理〉，記者紀文禮。

23 《自由時報》，〈兇殘殺人免死 助長犯罪〉，記者楊國文。

24 《中國時報》，2010年5月1日，〈震撼行刑！法部槍決4死囚〉，記者陳志賢，A1版。

25 《聯合報》，2010年5月1日，〈張俊宏不想死…… 已簽執行 委任書才到廢死盟〉，記者袁志豪、陳金松、蘇位榮，A4版。

點，最高檢與法務部有責任查證有無暫緩執行的因素；簽死刑令是二十八日，但執行是三十日，誰說死刑令簽了以後就不必查證了？只不過是問清楚這個人有沒有釋憲，這麼簡單的一件事，也問不出來嗎？但是媒體卻對政府部門的說法有聞必錄，不加質疑。

三月中旬的「政治框架」報導中，多少還有著檢驗政府施政能否通過民意考驗的意味；到了四月底的「重大犯罪框架」，對政府各部門的信賴已臻於頂點，法院判決保證無誤，違法執行亦無關宏旨，瑕不掩瑜。政府已經成為正義的化身，保護善良百姓免於受到禽獸一般的罪犯的侵害。在「重大犯罪框架」裡，死刑議題不是個人與國家的權力角力，而是好人與壞人的鬥爭。

「重大犯罪框架」的報導裡，除了向政府繳械、放鬆監督責任以外，更嚴重的問題是不加查證、以訛傳訛，對於死刑犯的罪行加油添醋，渲染誇張。對於一個定讞個案，最權威的資訊來源，不是法院的確定判決嗎？然而媒體往往偏好聳動的描繪勝於事實。最典型的例子就是「食人魔」陳金火。

如〈殺戮的艱難〉所指出，「吃人肉」一事，從一開始就沒有證據。陳金火落網時，瓦斯爐的鍋子裡有肉與碎骨頭，但骨與肉一旦煮過，DNA已經被破壞，無法判定是人還是其他動物。台中縣警察局長陳瑞添對吃人肉之說持懷疑態度，因為鍋子裡的骨頭切面整齊，像是用剁的，但屍體上卻是刀切的痕跡[26]。連檢察官也表示，沒有具體事證，難以證明他有吃人肉[27]。吃人肉之說沒有具體證據，只有陳金火反覆無常的自白，因此在隨後的審理中，法院三度在判決書中指出，這個說法不能成立：更一審，「然本案顯不能因陳金火認定家中肉類並無短少，即遽認被告廣德強有煎被害人屍肉給陳金火食用之事，此部分事證既有不足，尚難認被告二人有此犯行[28]」；更二審，原文照抄一遍[29]；更三審，進一步詳列陳金火於警詢筆錄與庭訊時說詞相異之處，再強調一次：「關於其係如何得知所吃者為人肉，先後所述亦屬矛盾，本案復查無積極事證足以認定被告廣德強有煎被害人屍肉給陳金火食用之事[30]」。

然而再怎麼澄清也沒有用；媒體不顧警察、檢察官、法官的意見，還是

---

26 《蘋果日報》，〈分屍魔供稱食人肉〉，2003 年 12 月 18 日，http://tw.nextmedia.com/applenews/article/art_id/577903/IssueID/20031218，2010 年 8 月 24 日存取。

27 《蘋果日報》，〈逼友姦屍殺人魔被求死刑〉，記者鄧玉瑩，2004 年 2 月 7 日，http://tw.nextmedia.com/applenews/article/art_id/697497/IssueID/20040207，2010 年 8 月 24 日存取。

28 94 矚上重更一 24 號判決，2005 年 11 月 23 日。

29 95 矚上重更二 20 號判決，2006 年 9 月 14 日。

30 96 矚上重更三 4 號判決，2007 年 6 月 5 日。

照樣稱他為「食人魔」。與其說陳金火可信，不如說媒體實在太喜歡「食人魔」的戲劇效果了，所以見獵心喜，情不自禁！

陳金火不是特例。媒體對於重大犯罪，不採用法院調查的結果，而任意加油添醋，至於對死刑犯有利的事證，則都完全不提，至少還有以下幾例：曾思儒，媒體都說他「虐殺」被害人，但歷審判決從未提到他有「虐待」情事；而他無前科、無預謀，媒體都略去不談。王鴻偉，媒體都說他砍被害人一百七十六刀，以佐證他的兇殘，但確定判決說被害人身上有一百處傷口。鍾德樹，前面已經說明，他的案情疑點，媒體略而不提。沈鴻霖，《聯合晚報》質疑他的同案被告都已槍決，怎麼可以「同案不同命」[31]，可是卻不提他的案情疑點：物證蒐集不全，沒有DNA採樣，只有一枚證明力可疑的指紋，加上同案被告的自白。鄭性澤，媒體都只說他殺警，卻不說他的案情疑點：他與多名友人在KTV包廂內，與警方發生槍戰，結果扣案的四把手槍都沒有採到指紋，而在場多人手上有火藥殘留，一名警察且證稱當天看到在場另一人拿著打死警察的那把槍，但對鄭性澤有利的證詞都不被採信。

許多知名人士迫不及待地加入這個加油添醋的行列。警察大學校長侯友宜接受《自由時報》專訪時說，死刑犯都是累犯，所以不可以放他們出來[32]。他是錯的，四十四個死刑犯裡，有十二名是累犯，僅四分之一強。累犯從來就是少數，根據行政院研考會的《死刑存廢之探討》，從一九五五到一九九二年一共執行四百八十二名死刑犯，其中亦僅三分之一是累犯[33]。侯友宜曾經擔任執法人員很長的時間，如今身為警大校長，說話卻不合乎事實，而且也不合乎邏輯：我們討論的是死刑存廢，誰提議要放死刑犯出來了？警察大學副教授葉毓蘭，在《與絕望奮鬥》的序文裡，也犯了類似的錯誤：她說闞興華殺害一名「孕婦」，被判無期徒刑；事實上那不是孕婦，那位被害人患有子宮內膜腺體增生。子宮裡的異物可以被說成胎兒，真應了那句台諺：「有一個影，就生一個子」。如果警界的養成教育不是實事求是、尊重證據，而是無限制地將加害人妖魔化，這樣教育出來的警察，偵辦案件的水準怎麼可能提高？

除了前面司法院以新聞稿騙記者以外，法務部的新聞稿也一樣行騙天下，不

---

31 《聯合晚報》，2010年3月11日，〈同案不同命爭議來了〉，記者董介白，A3版。

32 《自由時報》，2010年4月5日，〈死刑可具體遏止殺人犯罪〉，記者賴仁中，A5版。

33 《死刑存廢之探討》，行政院研考會編印，研究主持人：許春金教授，頁146。1994年6月出版。

遑多讓。四月三十日執行後，法務部發新聞稿說明四人的犯行，認定張文蔚預謀犯下此案：「被告與被害人少年為網友，張文蔚為向少年父親勒贖一百萬元，將少年約出[34]」；張文蔚的確定判決[35]可不是這樣寫的！確定判決認定的事實是：這不是預謀犯案，而是一個無聊的玩笑，擦槍走火，變成一個臨時起意的擄人勒贖，終於鬧出人命。法務部竟然竄改法院的確定判決，硬生生把沒有預謀寫成有預謀！

當然，張文蔚諸般值得憫恕的事證——確定判決說他供出的細節都與事證相符，且到案後「坦承犯行，態度良好」，「接受宗教輔導，對獄中教誨反應良好」——法務部可就略去不提了。非預謀犯案，在量刑標準明確的國家例如美國，是不能判死刑的；更何況此人還有悛悔實據，是減輕因素。難怪法務部要竄改判決；因為不竄改的話，就很容易看出來：張文蔚應該為他的犯行付出代價，但是罪不至死啊！

「重大犯罪框架」，在各方的推波助瀾之下，成為不折不扣的「輿論殺人」。支持死刑的人認為，死刑正是為那些罪大惡極之人所設；而媒體、政府、專家學者聯手，任意渲染、捕風捉影、加重犯罪情節，果然死刑犯看起來都罪該萬死了。任何議題，媒體若不加查證，誤信片面之詞，當然容易犯錯；但在死刑議題上，媒體的錯誤不是隨機的，而有明確的方向性：一律對死刑犯不利。

研究顯示，媒體對於閱聽人對社會治安的感受，有很大的影響力。有一份德國的研究是這樣做的：研究者告訴受訪者，一九九三年某種犯罪的犯罪率，然後請他估計，二〇〇三年這種犯罪的犯罪率大約多少。結果發現，教育程度越低、收看電視時間越長的受訪者，越容易高估犯罪率的增加[36]。類似的研究、類似的結論在美國與加拿大也都如此：媒體對犯罪的報導大幅增加，雖然實際犯罪率並未增加，但已經對閱聽人造成了「治安惡化」的印象。

此一現象的真正贏家是政府。違法行政被包容，媒體樂於被操縱，而民心尚且稱快，感覺到政府替天行道，果真大有為。於是被害人保護制度的建立、獄政教化的改進、刑事政策的全面檢討、檢警辦案水準的提高等等這些更花錢更麻煩的事情，又可以繼續拖延敷衍，因為民怨已經緩解了。善良百

34 http://www.moj.gov.tw/public/Attachment/043021124396.pdf。2010 年 8 月 24 日存取。

35 96 矚上重更三 4 號判決，2007 年 6 月 5 日。

36 Christian Pfeiffer, Michael Windzio, and Matthias Kleimann, “Die Medien, das Böse, und wir, Zu den Auswirkungen der Mediennutzungen auf Kriminalitätswahrnehmung, Strafbedürfnisse und Kriminalpolitik”, 載於《德國刑事政策與刑法改革月刊》第六期，2004 年 12 月，頁 415-435。

姓愈是感覺到身邊有潛在的可怕罪犯，就愈容易把政府當作保護者，「良人者，所仰望而終身也」。人民對政府的單戀，在歷史上數見不鮮，而結果不外乎「我本將心托明月，誰知明月照溝渠」！

六．What is missing?

五月十二日，監察院決定糾正國防部在江國慶案中非法取供，草率執行死刑，「如強盜明火執杖，擄人父兄妻兒。」其實打從四月下旬起，就陸續有好幾則司法失靈事件，遭到監察院的糾正或彈劾，也引起媒體很大的注意。有一位莊姓性侵嫌疑犯，「受惠」於檢警蒐證不確實，被輕縱之後再度犯案；另一位性侵嫌犯，假釋中戴上電子腳鐐，但檢方監控不當，再度犯案。竹竿性侵女童案纏訟多年，被害人過世，被告無罪定讞，變成一樁無頭公案；因為當年檢警人員僅憑不可靠的被告自白，蒐證未臻齊全，就匆促宣布破案。而江國慶案無疑是其中最大的悲劇，因為一條無辜的人命被國家錯殺，該案的真兇逍遙法外之餘，是否又繼續犯案？

江國慶案是司改團體早已積極援救的個案。許多冤案都有類似的歷程：輿論基於對被害人的同情與對犯罪的痛恨，常常對被告有罪推定，人權團體出面為他們喊冤，但不是被忽略，就是連帶被打成壞人的幫兇；直到多年過去，激情平息了，真相大白了，但那個被告要不是成為一抔黃土，就是青春已經被葬送了大半。輿論譴責一下造成冤案的相關人士，然後又繼續基於對被害人的同情與對犯罪的痛恨，對下一個被告有罪推定……。盧正案、蘇建和案、邱和順案、徐自強案，哪一個不是這套「標準處理程序」底下的產物？

詭異的是，媒體報導司法失靈案件時，絕口不提死刑。相較於重大刑案一律被拿去論證死刑的必要性，誤判、檢警辦案水準低落等等司法失靈事件，卻被媒體切割處理，彷彿這些都是孤立事件，跟死刑無關。討論死刑，為什麼不是訪問華定國、蘇建和這些曾經被判死刑的人？他們不是有第一手經驗嗎？大眾對被害人家屬的同情如此豐沛，可是為什麼江國慶的爸爸、盧正的姊姊卻一點也分不到那溫暖，他們親愛的家人不是受害於司法失靈嗎？

「司法失靈框架」的缺席，暴露出這一波媒體討論死刑議題時，都預設了「司法全能框架」。沒有一個媒體懷疑定讞判決的正確性，他們都假設這些判決完美無缺，而且是不加查證就斷定了。這段期間除了上述司法失靈事件以外，還有前任法官投書承認曾經誤判[37]，也有退休法官投書承認判死刑的時候根本沒有求其生的念頭[38]，可是這些都引不起媒體對於「司法全能框架」的警覺[39]。

「司法失靈框架」從未被提出，這是討論死刑存廢的一個致命空缺。支持死刑的論點，必須以「被判死刑的人都真正該死」為前提；然而，檢警辦案水準的低落、法官是人不是神、冤判從未絕跡等事實明擺在眼前，則死刑怎麼可能不放在「司法失靈框架」裡來思考，又怎麼能用一個與事實不符的「司法全能框架」來架構死刑的合法、合理性？難道這個司法體系於處理其他案件時迷迷糊糊，唯獨在判死刑的時候，忽然英明神武？

另一個被忽視的是「憲政框架」。許多媒體都指出，如果想要廢死刑的話，應該由立法院把死刑的法律刪除。這彷彿是不證自明之理：死刑的爭議最後應以多數決的民主程序來定奪。

但這只是爭議的一面而已。爭議的另一面是主張：死刑問題不是民主問題，而是憲法上基本人權的問題，它是不能交付多數決的。死刑問題最後的決策權不在民意機關——立法院，而在釋憲機關——大法官會議。這就是「憲政框架」。它聽起來似乎違反民主原則，因為它主張，區區十五位大法官的意見[40]，竟然要凌駕兩千三百萬人的共識。但弔詭的是，這種意見的出發點，正是為了守護民主的核心價值，避免「民主自殺」。

這要從民主與憲政的緊張關係說起。民主的基本原則是多數決，少數服從多數。但是這個基本原則有沒有底線？倘若多數決定驅使少數為奴，可以嗎？倘若多數決定不要共和國了，要恢復帝制，可以嗎？民主都是人民付出代價抗爭而得，可是使人為奴或恢復帝制，恐怕有違志士們拋頭顱灑熱血的初衷。如果用形式上民主的手段，得出一個實質上反民主的結果，那就不是我們要追求的了。

民主可以用來埋葬民主：全世界學到的最慘痛教訓，就是希特勒與納粹黨人。希特勒之取得政權、並確立獨裁地位，是合乎民主程序的。顯然多數

---

37 《聯合報》，2010年3月11日，〈劃定生死線 安定美麗島〉，林瓊嘉，A17版。

38 《聯合報》，2010年5月5日，〈我判他死刑 但，廢死在搖擺〉，薛爾毅，A15版。

39 在死刑的討論熱潮褪去之後，司法又接二連三爆出了更多的醜聞，包括法官收賄、關說、瀆職等等風紀問題，司法院長賴英照因此去職；媒體固然對於司法體系有所批評，然而仍然沒有任何一個媒體，用「司法失靈框架」來看死刑議題。

40 其實還不到十五位。要做成憲法解釋的話，需三分之二的大法官出席會議，其中三分之二同意；也就是需要十位大法官出席，其中七位達成共識就可以了。

決的結果，並不總是合乎民主的實質內涵。這逼使我們自問：多數決原則雖然聽起來很好，在大部分的議題上也都適用，但是不是有些議題應該例外，不用多數決，以避免民粹操作、多數犯錯？

這就是為什麼民主國家需要憲法：我們讓這些不容多數表決的議題，穿上「憲法」的金鐘罩，為多數決原則設下一個禁區。例如奴隸制度有損人的尊嚴，即使全國民眾都說「我們要把藍眼珠的人當作奴隸」，不行；即使動用公權力、由國家來蓄奴、其勞動成果由全國人民共享，也不行；即使藍眼珠的人願意當奴隸也沒有用[41]，不行就是不行；因為「使人為奴」違反憲法的基本價值[42]。

「民意」與「憲法」的緊張關係[43]，不只是抽象的理論爭辯，更是政治場域裡具體的權力拔河。「民意」與「憲法」都不會說話，但各有代言人：立法院是「民意」的代言人，而司法院是「憲法」的代言人。雙方拔河的戰場，就是「違憲審查制」。

這種拔河，一九九二年發生過一次。當時司法院審查通過一項法律見解，認為普通法院的法官在審理案件時，有權判定某條法律違憲，而不用那條法律來判案。換言之，各級法院法官有違憲審查權。司法院的公文五月十六日才發出，立法委員立刻一躍而起，於六月十九日火速提出一項釋憲聲請，主張違憲審查權應為大法官所獨有。如此的敏捷與警戒，原因很簡單：違憲審查權是司法權的倚天劍，立委當然不希望每個法官手裡都有一把倚天劍，否則立院通過的法律，不就當場貶值了嗎？

此次拔河由立法院勝出，此後違憲審查權確定為大法官所專有[44]。這並非司法院與立法院的第一次過招。大法官會議曾在釋字第 76 號解釋（一九五七年）中認定，我國的「國會」包括了監察院、國民大會與立法院，

---

41 「自願」為奴，聽起來有點不合邏輯，奴隸不就是非自願的嗎？廖元豪以美國法例，就「使人為奴隸罪」有很詳細的說明，大意是，即使形式上好像簽訂了契約、是「自願」的，但實際上卻受到欺騙或強制，陷入了奴隸般的處境，還是應成立「使人為奴隸罪」。詳細論證參見 http://mypaper.pchome.com.tw/liaobruce/post/1260867747，2010 年 8 月 29 日存取。

42 憲法的基本價值，參見李念祖：「憲法上民主共和國原則、國民主權原則、基本人權保障以及權力分立與制衡原則，聯立構成了所有憲法設置之機關，包括修憲機關在內，所不可修改、也不容政黨否定推翻之自由民主憲政秩序。如果憲法含有任何可被視為終極的價值，即於是乎在。」《案例憲法（一）憲法原理與基本人權概論》，頁 86，2007 年，台北：三民書局。此書做教科書之用，常用蘇格拉底的「產婆式」提問，意在思考的催生；通篇的問句，更反襯這一直述句堅定的力道。

43 關於憲政與民主的關係，參見林子儀、葉俊榮、黃昭元、張文貞，《憲法：權力分立》，頁 14-15，2005 年，台北：新學林出版。

44 釋字第 371 號解釋。

引起立法院的不滿——因為立委們覺得只有立院才是正牌的國會——遂制訂「司法院大法官會議法」，頗有向司法院示威的意味[45]。其潛台詞約莫是：「你以為你可以管我？看我立個法來管你！」

違憲審查權本來就是設計來牽制多數民意的[46]。立法院通過的法律，是多數民意的體現，但是大法官卻可以宣布這些法律違憲而無效。違憲審查權有沒有民主正當性尚可討論，但它有憲政正當性。其存在的意義，就是再次提醒我們，不是所有的事情都可以訴諸多數決。

違憲審查權也經常踏入政治的領域，例如釋字第31號解釋（一九五四年）認為因國家發生變故，無法辦理下一屆的中央民意代表選舉，便允許第一屆中央民意代表「延任」，造成實質上長年不改選的「萬年國會」；後由釋字第261號解釋（一九九〇年）明訂第一屆中央民代的退職期限，終於解散萬年國會。這「繫鈴」與「解鈴」的兩個解釋，說明憲法解釋不能迴避其政治效果，如大法官許宗力所言，「只要是法律問題，不管是國家行為的違憲審查，或是憲法疑義的解釋，即便具高度政治爭議性，大法官也應解釋，若怕惹一身腥，而踢回給政治部門透過政治角力解決，即與司法保護的拒絕提供（Justizverweigerung）無異，反造成自己的失職[47]。」

台灣經歷過威權的壓制，對於民主的可貴深感於心，相較之下，似不甚顧及憲政的思考向度。用憲政框架來看死刑存廢議題，該問的問題是：死刑可以用多數決嗎？如果可以，當然權責均歸立法機構；如果不行，那釋憲者就必須解釋，死刑與憲法的終極價值，相合還是相左。甫上任的司法院副院長蘇永欽，認為死刑不應靠多數決定，廢死要成功的唯一可能，是趁著社會某一「清明在躬」的時刻，由大法官做出違背大多數民意的決定[48]。

那麼死刑與憲法精神相合還是相左？我們不妨繼續沿用蓄奴的例子。把人當作奴隸是不可接受的事，如果是一個個人為私利蓄奴，根據刑法第296條，應處一年以上七年以下有期徒刑。即使是一個國家為公利蓄奴，也不能

---

45 翁岳生，〈大法官功能演變之探討〉，收於《法治國家之行政法與司法》，頁420，1994年，台北：月旦出版。

46 許志雄，〈憲法與司法〉：「從某個角度觀之，保障少數人的基本人權，防止民主政治多數決可能出現的流弊，乃當代違憲審查制度的主要目的之一。」收於《民間司法改革白皮書》，頁22，1997年，台北：業強出版。

47 許宗力，《憲法與法治國行政》，頁44，2007年，台北：元照出版。

48 蘇永欽，〈廢不廢死，誰來決定？〉，《台灣法學雜誌》152期，頁69-72。

免於道德責難，我們很難想像哪一個現代國家能夠公然蓄奴，而通過合憲審查。蓄奴不對就是不對，用公權力來做，並不能令它變成對；將衍生利益歸由公眾分享，也不能夠合理化這個行為。

以蓄奴為對照，死刑的答案也就很明白了。國家蓄奴，尚且不能合憲，怎麼國家反倒可以殺人？依照刑法第 271 條，殺人罪最低刑度是十年有期徒刑，比「使人為奴隸罪」重多了；如果國家蓄奴已經逾越分際，又何況國家殺人呢？是否動用公權力、為公益還是私利，都不能改變這個事實：蓄奴是奪人自由與尊嚴，違反憲法精神，逾越了國家的權限；死刑是奪人性命，更加違反憲法精神，也是更嚴重的國家越權。

國家之所以不能蓄奴，與奴隸的人品無關。即使這些奴隸道德可鄙、行為可議，或甚至他們自願為奴，都不能令國家蓄奴之舉獲得正當性，因為國家沒有這權限，就是沒有這權限。同理，國家不能將人處死，也無關乎那人的惡性或意願。罪犯縱然惡性重大，或者一心求死，都不能令國家的殺人之舉獲得正當性，因為重點並不在於審查那人該死與否，而在審查國家的權力界線何在。

如果考慮憲法的「比例原則」，死刑更有可疑之處。「比例原則」規定於憲法第 23 條。保障人民權利、限制國家權力，是憲法的要務；但是總有一些時候，政府必須採取一些措施來限制人民的權利。「比例原則」就是用來判斷一項措施「適當」還是「過當」，適當的話就合憲，過當則違憲。簡而言之，比例原則就是用來防止國家機器「用大砲打小鳥」；或者如美國最高法院大法官法蘭克福特（Felix Frankfurter）所說，「燒了房子去烤一頭豬[49]」。

「比例原則」可以分解成四項檢驗：第一，目的是否正當？第二，手段與目的是否相合？第三，還有沒有損害性更小的手段？第四，此舉的所失與所得是否相當[50]？以這個標準來看死刑會發現，它的目的容或正當，但是手段卻很可疑。因為如果刑罰的目的在於隔離罪犯、保障社會安全的話，那麼無期徒刑不就是一個損害性較小、而同樣能夠達到目的的手段嗎？而且憲法第 23 條僅允許對人民權利加以「限制」，而死刑「剝奪」人的生命，這

49 Butler v. Michigan, 352 U.S. 380 (1957), http://caselaw.lp.findlaw.com/scripts/getcase.pl?court=us&vol=352&invol=380，2010 年 9 月 19 日存取。或見《時代雜誌》報導，http://www.time.com/time/magazine/article/0,9171,824704,00.html，2010 年 9 月 19 日存取。

50 李念祖，《案例憲法三（上）人權保障的內容》，頁 14-15，2006 年，台北：三民書局。

恐怕也很難通過比例原則的檢驗[51]。

按照媒體處理新聞的常規，死刑釋憲的新聞，其實最容易「平衡報導」了。一方說違憲，一方說合憲，兩面俱呈，然後版面做到差不多大就行了。這是任何新聞菜鳥都知道的基本動作，但在死刑爭議裡，卻沒有任何一家媒體以合憲違憲兩面俱呈的框架來討論死刑，即使「釋憲」這一舉動經常在報導中出現，但毫無例外地只被當作技術干擾。

「司法失靈框架」與「憲政框架」如此切題卻徹底缺席，清楚地暴露出這一陣子死刑議題雖然廣受討論，但在視野上卻有很大侷限。這兩個框架，前者指向暫停執行，後者指向憲法辯論，兩者在政策上的傾向，有可能是廢除死刑，也有可能只是緩一緩，殺得慢一點而已。但是媒體最青睞的，是「重大刑案框架」、「司法全能框架」與「拖延戰術框架」，三者對於政策均有清楚明確地指向：殺！快點殺！趕快排除不當干擾因素，開鍘吧！

後現代文學批評理論提示我們，文本裡面說了什麼，並不是最重要的；文本所沒有說的，那些沈默與空白，才是奧妙之所在。這個概念用在媒體批評上也非常合適：仔細傾聽媒體的靜默，它所傳遞的訊息，才是震耳欲聾。

七・結束與開始——釋憲不受理

Iyengar 曾經研究電視新聞發現，如果用「連續劇框架」（episodic frame）的話，專注在報導事件的情節與發展，容易讓閱聽人將事件責任歸於個人。如果用「主題框架」（theme frame），提供比較多的背景分析來談一個議題，則比較容易讓閱聽人理解到社會的責任[52]。

從二月至六月，綜觀廢死議題的媒體呈現，顯然偏向「連續劇框架」而非「主題框架」。王清峰去職、新部長上任，死刑將執行成為定局；執行了第一波，便翹首期待下一波；下一波到來之前，就討論一下可能的干擾因素，看看什麼時候可以排除。整部連續劇的主題是執行死刑，而不是討論我們國家要不要有死刑、他山之石如何成為我國政策的借鏡、利弊得失為何。情節

51 以比例原則論證死刑違憲，較詳盡的論證參見陳長文、李念祖為馬曉濱等三人提起的釋憲聲請，http://www.judicial.gov.tw/constitutionalcourt/P03_01_detail.asp?expno=263&showtype=%AC%DB%C3%F6%AA%FE%A5%F3，2010 年 9 月 19 日存取。

52 Shanto Iyengar, 1991, *Is Anyone Responsible? How Television Frames Political Issues.* Chicago: The University of Chicago Press.

的推演一集又一集，四月三十日的執行是最大的高潮，然後這齣劇力萬鈞的戲，便漸漸復歸平淡。

五月二十八日《聯合報》獨家報導大法官釋憲的結果：死刑釋憲案均不受理。這是死刑爭議的尾聲，也是秋後算帳的開始。與釋憲結果並置的，是檢方開始偵辦廢死聯盟「偽造文書」案。《聯合報》說：「據了解，釋憲聲請必須由當事人提起，即使他們的家人希望聲請，依規定無法代為簽名蓋章[53]」。真是謎樣的了解。把《大法官審理案件法》從第一條讀到第三十五條，沒有哪一條說釋憲聲請必須由當事人聲請才行，所謂「依規定無法代為簽名蓋章」，不知是哪裡來的神秘規定？對照後來《中國時報》的報導，「檢方指出，聲請釋憲應由當事人同意簽名[54]」，答案才揭曉：「必須本人聲請」一語，只是檢察官自己的看法。

死刑議題的新聞價值轉弱以後，媒體的鎂光燈便從法務部長、被害人家屬與死刑犯的身上移開，轉到廢死聯盟身上。「偽造文書案」還在偵查階段，不過檢方違反偵查不公開原則、任意放消息給記者，早已是司空見慣之事，媒體似亦不抗拒被餵食這種消息，還是吃得喜孜孜，把檢察官一己的看法，煞有介事的寫成「據了解」（其實是不太了解），「依規定」（其實根本沒有規定）。

釋憲不受理以後，廢死聯盟於六月四日發表〈致台灣的公開信〉，信中提及：「騷擾、辱罵、威脅、恐嚇，透過網路線、電話線、郵政系統傳遞過來。直到有一天，恐嚇信直接放進廢死的信箱，我們終於必須面對這個事實：恐嚇者可能在我們身邊徘徊跟蹤。我們為此搬離辦公室。」後來《蘋果日報》登了一則新聞，標題竟然是「廢死聯盟偷搬家[55]」！六月四日公告周知的事情，六月十日的報紙標題還說那是「偷偷」，猶如一對男女已經明媒正娶，媒體卻硬闖民宅宣稱要抓姦。媒體對廢死聯盟的態度，由此一葉即可知秋。

那麼，我們該回到忽必烈與馬可波羅的比喻了。這四個馬可波羅，在新聞專業的程度上有高有低，已有公評。報導真實、詳加查證、力求公允、監督政府，都是媒體的基本職責；其中，「可信」，尤其是基本事實的「可信」，是我們對馬可波羅最起碼的期待。對於有爭議的議題，大家各有立場，這可以理解；但至少要站在尊重事實的基礎上，各自去申論不同的觀點。可惜就死刑議題的相關報導看來，馬可波羅們常常疏於查證，有的則加油添醋、偏

53 《聯合報》，2010年5月29日，〈廢死聯盟代蓋章　雄檢要查〉，蕭白雪、曹敏吉報導，A2版。
54 《中國時報》，2010年6月30日，〈廢死聯盟聲請釋憲　疑偽造文書〉，王志宏報導。
55 《蘋果日報》，2010年6月10日，〈遭嗆強暴　廢死聯盟偷搬家〉，張欽報導。

離事實。許多事實性的錯誤，肇因於他們對官方說法照單全收，過度信任而不加質疑。而這些錯誤幾乎毫無例外的，都對死刑犯不利，無論出於故意或無心，立場上的偏誤都非常明顯。

這四個馬可波羅，偏好用「政治框架」、「民意框架」、「重大刑案框架」、「司法全能框架」與「拖延戰術框架」來看死刑議題，而忽略「司法失靈框架」與「憲政框架」。其中，「司法全能框架」與「司法失靈框架」是對立的，「民意框架」與「憲政框架」也是對立的。新聞框架的選擇，本是無可厚非，不過，馬可波羅的框架選擇，會影響到忽必烈的世界觀；而不同的框架，則可以開啟全新的思考，因此，那些較少被考慮到的框架，值得忽必烈仔細玩味斟酌。

我們雖然並不統轄一整個帝國，但是在自己的心智世界裡，我們就是忽必烈。如果不想被馬可波羅唬攏，我們就必須帶著必要的警覺與清明，仔細地分析媒體的框架選擇，與他保持一個批判的距離。忽必烈必須首先是一個主動的閱聽人（active audience）：他蒐集資訊，他查證，他比較，他思考，他批判，他選擇。然後，他才可能在他的心智世界裡，君臨天下。

跋

春天　沒有防備的　我們被一場疫病襲擊

這是一個故事　薩拉馬戈寫過　叫《盲目》　我很喜歡的一本小說
一個城市發生怪事　有人瞬間失明
更糟的是　盲病會傳染　一人得病以後
忽然周遭的人都跟著　也瞎了

故事外的人應該很難理解　怎麼會發生這種事
只能說是小說家想像力豐富　虛構了一個病　以及生病的社會
但我們是怎麼跑到故事裡的　或者這故事怎麼跑到我們的世界來了
今年春天不就是這樣嗎？
平地一聲雷　我們被一陣恐慌籠罩

彷彿監獄大門即將潰堤　死刑犯人將淹沒我們的街道

恐慌令人盲目
而盲目，令人更加恐慌

起先只是一樁交通事故　一輛車子杵在路口
方向盤前坐著一個　失去方向的　嚇壞了的駕駛
他停下來等紅燈　沒想到紅燈還沒變綠　他就看不見了
他的最後一個視覺　是號誌燈上一團紅光
唉呀原來如此　按喇叭的手趕快收回　不耐煩的嘴輕聲安慰
別擔心　可能是神經的問題　應該只是暫時　失明
真正的盲　眼前是一片漆黑　不是你說的一片渾白
所以，別擔心

第一個盲人之後　再也沒有人交這樣的好運
疫病迅速擴散　那些先盲了的人　不再是人　他們是帶原者

傳播路徑不明的病毒最是恐怖
帶原者是病毒的道成肉身
無論他們得病以前有什麼樣的人生　現在都沒有差別了
他們就是瘟疫　把他們關起來

我不要去送飯　我怎麼知道三十公尺以外不會被傳染
我不要去打掃　我怎麼知道病毒不會到處亂竄到處跑
一批又一批的盲人送進隔離區　被宣布　不是人
但是隔天那宣布的人　也被送了進來
有一位上校建議　將盲人就地處決　以免傳染
不知道當局有沒有認真考慮這個提議呢　不過上校很快就不再堅持
他瞎了　他很守信用地舉槍自盡

一個人失明　值得同情　我們趨前噓寒問暖
大夥兒都失明　那就恐怖了　趕快逃命呀
不然就互相嚴厲檢視　檢查　檢驗　檢舉

是不是你，你說
你是不是帶原者，你說
我看八成就是你，不是你是誰？

今年春天好冷酷　瘟疫來過了　走了沒

不不不，別誤會　我並不是說別人都瞎眼
薩拉馬戈也不是這樣寫
盲病並不使人變得無知或自私
一個人忽然失去了視力　但他可沒變笨　也不必然變壞
他只是　作為人的脆弱忽然暴露出來
他只是　一日一日從人的範疇滑向獸的範疇
大家都說他不是人　他真的就越來越沒辦法活得像人了
但是當大家都說別人不是人　這聽起來也不怎麼像人

盲病並不奪走一個人的知識或道德

盲病毀壞人與人的連帶感
於是　社會不成社會
你在我旁邊幹嘛　你想搶我東西吃喔　不然你靠近我幹嘛　你想害我
就算你不想　那又怎麼樣　你也瞎了　你也幫不了我
於是　人不成人

一出門就回不了家
每個人背誦自己的住址　但沒有一雙明亮的眼睛可以指路
只好變成遊民　在任何可以過得下去的地方住下去
或者鍛鍊自己的容忍力　最後終於在不可能過得下去的地方
也照樣過下去

這聽起來也不太像人

原來人需要相互完成
如果大家都不像人　我在其中　也成不了人

為了我要當人　不要當獸　我得想辦法
讓我身邊的人也維持　人　的尊嚴　與格調
如果我們變成獸的集合
我　也會變成獸

醫生太太應該也是這樣想　全城只有她沒有瞎
起先她得裝盲　才能混進隔離區去照顧她先生
到底誰最悲慘，這種時候？
眼盲的人失去了自主性比較慘　還是眼明的人被迫目睹一切比較慘
眼盲的人無法自理比較慘　還是眼明的人被迫擔起責任比較慘

也許都很慘
可是在瘟疫橫行的世道　有這麼一個小隊
幸運地有醫生太太做大家的眼睛　努力維持一點公道與溫柔

並不是眾人皆濁我獨清

醫生太太一直擔心自己早晚也會瞎的
確實　她並不是最聰明最有美德或者最能幹的人
就像疫病莫名其妙地掉在別人頭上一樣　疫病偏不掉在她頭上
一樣莫名其妙
而她準備著。　她說
等我也盲了　就有很多事情要向你們請教

她不清　如同別人並不濁　只是命運　將他們放在不同的位置上

我喜歡薩拉馬戈這樣寫　他讓醫生太太如此平凡　就只是一個人
她看得見　那是她的命
沒有比較好或比較壞　不知道是天賦還是天譴
反正　沒得選擇　就是她的命
而且　也只是現在而已　下一刻她可能就瞎了

薩拉馬戈讓醫生太太知道　她跟別人並沒有不一樣

不能選擇之中　還是有選擇
想著要當人　還是想著要當獸　還是有差
在嚴酷的世道中跟著一起暴虐　還是逆向，加倍地溫柔體諒有耐心
還是有差

當社會不成社會
人也不成人

我們打算怎麼寫我們的故事呢　你與我的故事？
薩拉馬戈幫不上忙　他今年死了

長年的藍綠民主內戰　我們是不是太過習慣
一方認為我是人他是獸
另一方　好巧　也認為我是人他才是獸呢
我們是不是太過習慣隨便宣布別人是獸

跟我不同顏色　獸也
跟我不同立場　獸也

「你不了解看著兩個盲人爭吵是個什麼樣子。」
「爭吵本來多少就是一種盲目。」

我們都是盲的
那疫病不斷在我們身邊輪轉
僥倖不盲的時候　可否一同承擔　我與你　悲與喜

冬天來了　疫病走了嗎
我們一同為人的時機　回來了嗎

謝誌

這本書中許多重要的觀點，由反對死刑的伙伴們相互激盪而生。其中，特別感謝林欣怡、謝仁郡、高涌誠、高榮志、李念祖、陳文珊、李佳玟諸位。如果沒有廢死聯盟的聯繫平台、沒有法律專業知識的後盾、沒有不同觀點策略的辯難，《殺戮的艱難》不可能成書。當然此書文責仍由作者自負。

謝謝曾在座談場合給我意見的師長朋友，包括中研院人社中心研究員蕭高彥、台大法律系教授顏厥安、中正大學哲學系教授陳瑞麟、中研院法律系助理研究員許家馨、中研院人社中心助理研究員陳嘉銘。我們的立場容有差異，但理性的討論總是令我受益良多。為了同樣的理由，也謝謝眾多來我的部落格上留言的網友。

積極參與廢死運動的這段時間，情緒飽滿，如同靜水深流：表面上看不出來，也沒時間談，一直在忙，日子便奔流前去。累當然常常是累的，但並不是很消耗的累。消耗掉的好像總是獲得補給，維持平衡。廢死運動讓我不斷感覺到自己的不完美與不夠力，並且因此深感慚愧，自然地謙卑。

出書是一個小小的回望。

前路還長，我目光如豆，僅專心走好腳下這一步。

殺戮的艱難

作者——張娟芬
總編輯——周易正
執行編輯——林芳如、楊曉華
美術設計——霧室。
內頁排版——霧室。
行銷企劃——李玉華、賴奕璇、劉凱瑛
印刷——博創印藝文化事業有限公司

定價——320元
ISBN——978-986-86581-6-5
二〇二四年三月 五版八刷
版權所有・翻印必究

出版者——行人文化實驗室
發行人——廖美立

地址——10049 台北市中正區南昌路49號2樓
電話——(02) 3765-2655
傳真——(02) 3765-2660
http://flaneur.tw

總經銷——大和書報圖書股份有限公司
電話——(02) 8990-2588

國家圖書館出版品預行編目資料

殺戮的艱難：張娟芬 著；
初版・——臺北市：行人文化實驗室・
2010.11 272面；14.8*21公分・——
ISBN 978-986-86581-6-5
1. 死刑 2. 被害者保護 3. 文集
585.5107 99023268